JN297972

風景構成法

「枠組」のなかの心象

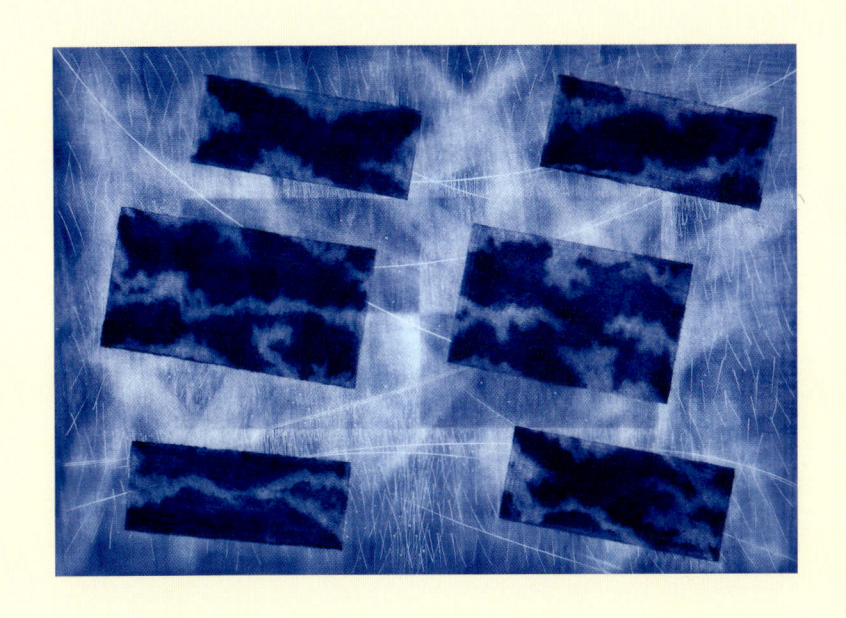

伊集院清一　IJUIN Seiichi

金剛出版

◉第1章──図1（▶17頁）
22歳,女性,摂食障害,拒食症

◉第2章──図2（▶32頁）
36歳,男性,妄想型統合失調症

◉第3章──図2（▶48頁）

◉ 第3章 ── 図6（▶49頁）

◉ 第3章 ── 図32（▶58頁）

◉ 第3章 ── 図23（▶55頁）

◉第3章——図37（▶60頁）

◉第3章——図38（▶60頁）

◉第4章——図3（▶79頁）

◉第6章 ── 図11（▶119頁）
　26歳，男性，強迫神経症

◉第7章 ── 図26（▶137頁）

◉第7章 ── 図15（▶134頁）

◉ 第8章── 図1（▶147頁）
24歳, 女性, 摂食障害, 過食症

◉ 第8章── 図2.1（▶147頁）
16歳, 女性, 統合失調症性精神病

◉ 第8章── 図4.2（▶149頁）
26歳, 女性, 不安神経症

◉ 第8章 —— 図5.1（▶150頁）
44歳, 男性, 妄想型統合失調症

◉ 第8章 —— 図5.3（▶150頁）
図5.1と同じ症例

◉ 第8章 —— 図6.2（▶152頁）
33歳, 男性, 妄想型統合失調症

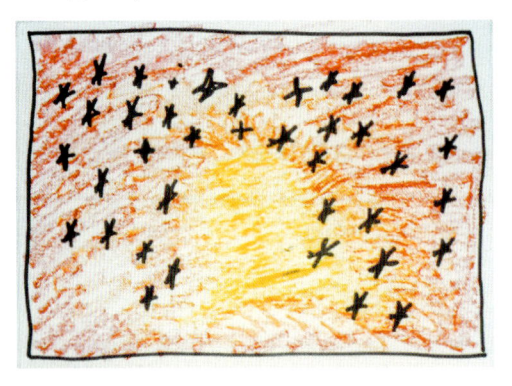

風景構成法

「枠組」のなかの心象

【目次】

序章　「枠組」のなかの憧憬 ——— 7
　　　　—— 精神世界と視覚文化 ——

第1章　風景構成法の意義と手法 ——— 17
　　　1. 風景構成法とは？ ——— 17
　　　2. 技法と適用 ——— 20
　　　3. "枠づけ"の意味 ——— 21
　　　4. "解釈"への道標 ——— 23
　　　5. 風景構成法への道 ——— 25

第2章　風景構成法と表象機能 ——— 29
　　　1. 風景構成法の意味するもの ——— 29
　　　2. 風景構成法の先にあるもの ——— 34
　　　3. 未来，方向性……そして表象機能 ——— 36

第3章　拡大風景構成法における天象・地象表現と精神的視野 ——— 41
　　　はじめに ——— 41
　　　1. 方法と対象 ——— 45
　　　2. 症例 ——— 47
　　　3. 結果 ——— 60
　　　4. 考察 ——— 64
　　　おわりに ——— 75

第4章　拡大誘発線法における"埋没化"現象 ——— 77
　　　—— 人物部分刺激として捉えた際の反応についての省察 ——
　　　はじめに ——— 77
　　　1. 方法 ——— 80
　　　2. 症例 ——— 81
　　　3. 結果と考察 ——— 92

第5章　構成的空間表象の病理／構成的描画法の治療的意義 ——— 95
　　　—— 統合失調症患者を中心として ——
　　　はじめに ——— 95
　　　1. 拡大風景構成法，拡大誘発線法 ——— 97
　　　2. "表象化なき抽象化"と"過具象化" ——— 99
　　　3. 「具象化傾向」と表現病理 ——— 101
　　　4. 「雲」の描画法 ——— 103
　　　　　—— そして，構成的描画法の治療的意義 ——

第6章　風景画の臨床表現病理 —— 107
1. 表現病理学からみた
統合失調症患者の「生きられる空間」について —— 107
　—— ミンコフスキー再考へのプロローグとして ——
2. 症例 —— 110
3. 統合失調症空間の表現病理 —— 113
4. 種々の疾患についての風景画 —— 116
5. 風景画のもつ治療的意味 —— 119

第7章　拡大風景構成法の展開 —— 121
1. 「論文が書けない」ある大学院生の治療経過 —— 121
　—— 絵画療法過程を中心にして ——
2. ある留学生の風景構成法の変遷 —— 125
3. アパシー症候群とユーモア —— 130
4. 拡大風景構成法の経緯と特徴 —— 140

第8章　治療としての絵画療法 —— 145
1. 芸術療法，表現病理学，病跡学 —— 145
2. 絵画療法の諸技法とその臨床的意義 —— 146
3. 治療としての絵画療法 —— 154
4. 非言語的なもののもつ意味 —— 156
5. 風景構成法の拡充法について —— 157
6. 絵画療法において心に留めておきたい二，三の事柄 —— 159
7. 絵画療法の精神療法としての治療可能性 —— 160

第9章　「枠組」のなかの心象 —— 163
　—— イメージ・表象機能の自己治癒性 ——
1. 芸術療法と絵画療法 —— 163
2. 絵画療法カルテ —— 165
3. 統合失調症という「枠組」 —— 169
4. 芸術と芸術療法，そして表現病理学 —— 171

あとがき —— 173
参考文献 —— 177

風景構成法

「枠組」のなかの心象

序　章
「枠組」のなかの憧憬
──精神世界と視覚文化──

　社会が文化を熟成させることもあれば，文化が社会を先導してゆくこともある。傑出し先鋭化した天才の産み出す文化は，その人の属する社会を推進し，歴史を未来へと展開させてゆく。今や，現代マンガが日々編み出してゆく一頁は，日本社会において，視覚文化が果たすこうした可能性の一端を確かに担っているといえるのかもしれない。

　私の生まれた次の年に，『少年マガジン』と『少年サンデー』は誕生した。少年週刊誌の黎明期である。それでも，小学校の低学年頃までは，私は『少年』『ぼくら』『少年画報』といった月刊誌で育った。そのなかでは，「鉄腕アトム」や「鉄人28号」や「サスケ」が所狭しと活躍していた。厚く大きな付録の山に私はいつも歓喜し，毎号，順に巡って付いてくるそれら物語の「別冊ふろく」にも胸踊らせたものだった。"時"はゆるやかに流れていた。人の時間感覚は，物理学的時間とその人固有の人間学的時間に分けられうるが，幼い時の流れだからこそゆるやかに感じられたというだけではなく，確かに「三丁目の夕日」が織りなす情景が，当時のあの時代にはあったと思う。それは，今とはまったく違う文化のなかで，われわれが生きていたことを示しているのではないだろうか。

　戦後，昭和20年代に『少年キング』をはじめとする少年週刊誌は，すでに産声をあげていた。そして，私が小学校に上がる頃になって，マンガの中心は月刊誌から週刊誌へと移ってゆく。私も小学校低学年から高学年へと進むにつれ

て，少年週刊誌へと読む対象を移していった。そのきっかけは，当時大好きだったアニメの「宇宙少年ソラン」や「スーパージェッター」や「サイボーグ009」の原作が，『少年マガジン』や『少年サンデー』に載っていたからだったような気がする。1週間で巡ってくるサイクルは，当時日本が迎えていた高度成長と呼応するかのように，あたかも時代の「メンタル・テンポ」とでも言わんばかりに，われわれの生活に根差していった。中学校に上がる前，『少年ジャンプ』と『少年チャンピオン』が相次いで生まれた。時代は，1990年代600万部を越すこととなった現代の寵児『少年ジャンプ』をこの時，産み落としたのだ。

『少年ジャンプ』は確かに成功した。誌の基本理念といわれる「努力・友情・勝利」は，われわれが時代や年齢を越えて夢みる幼き日の憧憬であり，人間心理の表層に感応する作品群は，世代を越えた巨大な読者層を獲得するに至った。その大樹のもと，現代マンガは自己拡散し，膨張を続ける。細分化されマニア化された種々のジャンルの作品が，ひしめきあいながら，自己の存在を主張している。『少年ジャンプ』が発刊された当時の少年週刊誌は，雑誌の数も作家の数も少なかったためか，いわゆる巨匠がひしめきあい，内容も大学生や大人が読めるようなものが多く混ざっていた（山上たつひこ氏の「光る風」も少年週刊誌に載っていたのだ）。『ビッグコミック』の発刊とともに，青年誌が各少年誌から分かれ，内容も志向も対象も多様化してゆくことになる。多様化の波のなか，多くの新人が生まれては消え，巨匠もまた，そのなかに埋没化していった。現代マンガの全体像をつかむことは，もはや至難の技であるといえる。

　私は精神科医である。と同時に，臨床心理士であり，また芸術療法家でもある。「芸術療法」とは，「絵画，音楽，詩歌，彫刻などの芸術的あるいは創造的媒介を通じて，人間のイメージ・表象機能のもつ自己治癒性を支え導き出す治療」であると定義づけることができる。種々の芸術手段を用いた非言語的技法を主軸にして精神の回復を図り，精神疾患の治療を行ってゆく。私はとくに「絵画療法」を専門としているが，そのなかで，最近の若い人たちの描く絵は，マンガ的なものが多いという印象を受ける。

　私が，わが師中井久夫の門を叩いた時，先生は「人間が好きですか？　……それなら，一緒にやってゆきましょう」と言われた。今も鮮烈に記憶に残るその言葉を，当時の私は何度も反芻しながら，「ぼくは人間が好きなのだろうか。好きといえるのだろうか」と悩み，ついには「ぼくは人間が好きなんだ！」と堅

く思うに至って，先生のもとへ入り，精神科医の第一歩を歩みはじめた。現在もなお，私はあの言葉を繰り返し問い続けている。

　小さい頃の私は，決して人間が好きではなかった。肌色をした人間的な「アトム」よりも青い鉄の身体をもった「鉄人28号」を愛し，怪獣や恐竜や昆虫が好きだった。物理学に憧れ，宇宙論を夢み，アインシュタインを敬愛した。しかし，いつしか，物質の世界から生命の世界・人間の世界へ，宇宙の歴史から，人間の，その思想や精神の歴史へと徐々に興味の焦点は移っていった。

　しかし，医学部に入った時も，整然とした物質の世界の法則は，まだ私を魅了していた。人間が好きだと感じるようになってきたのは，医者になり，実際の臨床の場に立って，内科でいろいろな患者さんたちに接してから，精神科へ転向することを考え，中井久夫先生を訪ねた時であったような気がする。振り返れば，この長い道のりの間，私を絶えず支え，現実の世界に繋ぎとめ，人間好きへと導いていった影の力は，まさにマンガであったといえるだろう。マンガの効用の一つといえるものが，私のなかで作動していた。マンガが精神科医を作ることだってあるのだ。

　小学校高学年から中学校にかけての期間は，人間の自我の発達に重要な時期である。この時期に私が遭遇し，自らの人生観や世界観の骨子の形成に影響を受けたといえる一連の作品群の作家として，私は石森章太郎（石ノ森章太郎）氏の名を挙げたい。「ミュータントサブ」「サイボーグ009」「幻魔大戦」，そして「リュウの道」（図1）へと続く流れは，当時の彼の壮大な作品群の主要な群を成していたし，とりわけ「リュウの道」は，作家の人生と照合しながら作品を見てゆく上においても，変曲点となる作品である（もし後世の批評家たちがパトグラフィックに彼の人生とその作品を照合してゆくとしたら，必ず浮かび上がって来るのが，この時期であろう）。『少年マガジン』に連載され，当時あまり話題にならなかったこの作品は，徹底した人間愛に包まれており，人間の未来とは，生命とは，宇宙とは，を真剣に考えさせてくれた。週刊誌連載であることを無視したストーリーの展開と画面構成は，数週間，まったく未来の地球の風景だけが綴られてゆくということを許した。マンガにおける，ひいては現実世界における背景の効用を，これほどダイレクトに感じさせてくれた作品はなかった。マンガ家のなかで背景をこれだけ克明に，かつ綺麗に描ける作家は当時いなかったし，背景となる風景の連なりのみで数週を連ねても，文句を

図1　石森章太郎『リュウの道』(講談社)
右：大木や岩という太く大きな枠に囲まれた風景ともいえるだろう。
左：ロボットシティを見上げる主人公，星空のもと未来都市の風景。

言われない技術をもった作家であった。
　絵のうまさ，綺麗さはマンガの絶対的評価にはならないが，私が個人的に綺麗だと感じるのは，高橋葉介氏の絵である。『COM』や『漫画少年』に続く系譜の月刊誌『マンガ少年』に掲載されていた「ヨウスケの奇妙な世界」(図2)に描かれた風景は，登場する人物と美的に溶け込んで，ストーリーとともに私を魅了した。柴門ふみ，高橋留美子，石坂啓氏らとほぼ同時期にデビューした彼は，彼女らがその後辿った道とは違う地味な道を歩んではいるが，私と同世代の彼ら4人のデビュー作は，確かに皆，同じ輝き，同じ響きを持っていた。氏の今後にも，私は密かに期待している。

　絵画療法の技法のなかに，「枠づけ法」や「風景構成法」というのがある。中井久夫先生が1969年に創案したこれらの方法は，とくに統合失調症患者の治療に有効である。「枠づけ法」とは，四角の画面に治療者自ら枠をつけて手渡し，そこに絵を描いてもらう技法である。枠には，描く人に心の安定をもたらす作用があり，枠づけを行うと，心のなかにある空間が露呈しやすくなる。枠はフリー・イメージの危険性に対する安全弁であり，枠づけされた空間はその安全

図2　高橋葉介『ヨウスケの奇妙な世界』（朝日ソノラマ）

弁に守られた舞台である。イメージを安全にパックした世界であり、出し入れと貯蔵が可能となる。イメージの内的湧出を制御し、その治癒力を内に保ち、さらには内に向かって浸透させる力を持つ。「風景構成法」は、枠づけされた空間のなかに川、山、田、道、家、木、人、草花、動物、岩石の10項目を、治療者が項目を唱えるごとに描き込んでもらい、全体として一つの風景を構成してゆく技法であり、その後、足りないと思うものを付加してもらう。さらに彩色を促したのち、完成された絵についての会話を行う。描かれる風景は、その人の心象風景であり[注1]、それを二次元描画空間へ変換したものである。

　人間の心理的空間は、投影的空間（内的空間の性質を帯びており、奥行きや地平あるいは眺望を欠き、距離は浮動的で、前ゲシュタルトが充満している空間）と構成的空間（外的空間の性質を帯びており、地平線と眺望を予想させ、距離は明確に定義され、外枠の存在によって中心・周辺、上・下、左・右が構造化された空間）に大きく分けられる。描画上に構成的空間を描いてもらうことは、とくに自己の「枠組」が壊れたり麻痺したりしている空間と時間のなか

注1)「心象風景」ということばが中原中也の著書に出てくることがヒントになっている（中井より私信）。

を漂っている統合失調症の人たちにとっては，治療的な意味合いが強い。構成的空間は距離により規定され，距離を媒介として世界を可視的にする[注2]。

マンガにも「枠組」がある。真っ白の空間に作られた「枠組」の群れ・コマの連鎖のなかに作家が描いてゆくものは，大部分が人間中心の場面であり，そこに描かれた人物は，実際の人間とは程遠い抽象化・無機化された人物像である。そのなかで，読み手は徐々に人間というものに浸り，ゆっくりと生身の人間に馴染んでゆけるようにも思える。マンガの世界では，稀な場合を除き，人間，もしくは擬人化された動物や機械が，いつも中心に描かれる。「枠組」のなかの抽象化された人物像，それを見るということ，それに馴れるということ，あるいはそれを描くということは，実世界においても人間に馴れ親しむことを意味しているし，精神疾患の治療にも繋がっていると考えられる。同じマンガでも，雑誌サイズのB5，コミックスのB6，そしてA5サイズなど，本の大きさが違うと，一つ一つのコマも，その「枠組」の大きさが異なり，受ける印象が違ってくる（ときには，まったく違う作品を読んでいるような錯覚にとらわれることもある）。

マンガのなかでも4コマ，もしくは1コマのマンガは，その形式が最も単純化されたものであるといえる。ちなみに，私は個人的に，現代の4コママンガ家の代表的な天才として山科けいすけ氏の名を挙げたい（図3）。彼の描く登場人物たちは，コマを追うごとに，実に独特に，且つ滑らかなテンポでその動きを見せてくれる。現代の「メンタル・テンポ」を彼の作品は刻んでいるといえる。1コママンガは動きよりは場面描写が主である（もちろん，場面のなかの動きは描かれうるが）。しかし，コマがいくつか連なってくると，そこに動きが見えてくる。もっとも，マンガが動いているように見えることには，「慣熟運動の無意識」（何度も試みていると，ある時点から意識せずにピアノが弾け，自転車に乗れ，泳ぐことができるようになる無意識の一形態であり，小脳の回路が関係している）が作用しているように思われる。マンガが動いているように見

注2）エルンスト・クリス Kris, E. は，芸術・アートの精神分析的意義について述べている。RegressionやCatharsisをはじめとする神経症的機序からの効用について触れ，さらに，それらを漫画Cartoonに適用した。ここでは，それに加えて，精神病の機序に対する治療的意味合いをもつものとしてのマンガの効用（枠組のもつ意義など）について触れてゆきたい。これは，のちの第3章の症例Bへと繋がってゆく。

序章「枠組」のなかの憧憬　13

えない人には、コマ毎の場面が、紙芝居のように次々と送られてゆくように見える。手塚治虫氏の出現以降、マンガは映像のような動きの息吹を吹き込まれた。そこには、マンガにおける読者世代の認知構造の違いが推察される。認知科学からのアプローチが待たれるところでもある。精神医学が取り組むべき余地が、マンガにはまだまだ残されているのだ。

　映像文化と活字文化の違いも面白い。たとえば、マンガでは、各コマの「枠組」を通して、読者はイメージを与えられる。一つのコマのなかの動きや、コマの連なりによって生まれる動きは、読者自らの意識が読み取らねばならない。その点、アニメや映像は、視聴者に動きをも直接与えてくれる。それに対して、小説は言葉で埋まっており、読者は文字の羅列から、描写されたイメージを構築せねばならない（それが、醍醐味でもある）。小説では場面表象に数頁を要することがある。そこに描かれる人物の心理もまた、文字で細かく描写される。マンガは、場合によっては、描かれた1コマの情景によってすべてを語りうる。もし、その描画表現が深ければ、そこに登場する人物の心情をも直接的に感じさせることができるのである。それによって、さらに高次の表象過程へと逸速くわれ

図3　山科けいすけ
『キントトハウス』（集英社）

われを導いてくれる（もっとも，場面が画像として直接与えられることに問題を唱える人もいる）。マンガ世代以降が活字離れを起こした要因は，こうした点にあるのかもしれない。かくて，吉本ばななや村上春樹を中心としたマンガ家的小説家といわれる人たちが，隆盛の一端を極める時代になっていった。一方，アニメは，マンガと映像の申し子として出現した。多極化を極める視覚文化の一角は，とくに日本において，マンガやアニメによってすでに占められている。

かつて私の勤めていた精神病院の院長，山口陽雄先生のその数十年にわたる病院精神医学の経験によれば，テレビの出現は，向精神薬の導入と時期を同じくしているとはいえ，見逃せない事象であったという。1967（昭和42）年の病棟へのテレビの導入，とりわけ1970（昭和45年）のカラーテレビの導入以降，精神障害者，とくに統合失調症患者は，格段に軽症化したというのだ。

おそらく，隔離された病棟という空間のなかで，外部世界の現実・出来事・情報が，数十センチ四方の「枠組」で囲まれた画面から送り込まれてくることが重要であったのだろう。テレビは，画面という閉じられた空間を介し，安全な形式で外界との繋がりを保てる受動的な通信コミュニケーション機構である。それゆえに，閉鎖された病棟に生活する慢性化した人々にとっては，病棟へのテレビの導入という事件は，向精神薬の登場以上に重要な意味があったとも考えられる[注3]。

精神を病む人びとにとっては，ある時間テレビを集中して見ることは，かなりのエネルギーを必要とする。それでも，統合失調症の人たちは，病棟で，社会復帰の第一歩を，スポーツ（一人一人の人間が生々しくなく，生活を感じさせない）かアニメを見ることから始めることが多い。それに対して，ニュースやドラマなどの生(なま)の人物が登場するものは，妄想の対象になりやすい。「自分のことを言われている」などということが，しばしば起こりうる。しかし，アニメでは，一般にそういうことは起こらない。抽象化された人物像の連鎖，テレビの液晶画面のなかのアニメは，コマのなかのマンガと同様，「枠組」に囲まれていて，治療的である。

今や，アニメはマンガと肩を並べる代表的な視覚文化になったといえるだろ

注3）1995（平成7）年以降のPC, OS, モバイル，インターネットの普及は，能動的通信コミュニケーションを刺激賦活し，精神世界に多大な影響を与えている。この通信革命は，人間の精神あるいは精神疾患の潮流を語る上での変曲点の一つになったといえるだろう。

う。私の世代はまた，少年誌の変遷と同時に，アニメの歴史のなかを歩んできた。そのなかで一番印象深いアニメの作品を挙げるとすれば，富野由悠季と安彦良和がコラボした初期のガンダム・シリーズ，とりわけテレビ版「機動戦士Z（ゼータ）ガンダム」（図4）をここでは挙げたい。そこには，「重力に縛られた人たち」や「ニュータイプ」（人類の革新と呼ばれる，重力から今まさに解き放たれんとしている人たち）や「強化人間」（人工的にニュータイプになることを義務づけられた人たち）などの概念が登場する。この作品を通じて，地球の重力もまた，一種の枠であり，それを取り外された人たち，それから解き放たれた人たちがどうなってゆくのか，を考えさせられた。

図4 池田憲章・徳木吉春編『機動戦士Zガンダム HAND BOOK 2』（徳間書店）
「カミーユ……！　宇宙(そら)へ！」
「さ．よ．な．ら……」

　われわれは皆，ある「枠組」のなかで生きており，われわれの精神は，ある種の構成的空間のなかを漂うことで自我を保ち，距離や時間を感じ，日常のなかに生きることができる。這う，立つ，歩く，こうした人間の成長は，重力のもとに生まれたからこそのものであり，重力はわれわれの意識性に多大な影響を与えている。では，宇宙時代，地球の重力から解き放たれた世界で，人の存在はどう変わり，人は自らの脳をどのように変化・対応させてゆくのであろうか。宇宙空間に生まれ，違う引力のもとで育った人類の子孫は，四角の二次元空間に何を感じるだろうか。枠は地上におけるのと同じように，その意味をもつのであろうか。宇宙空間で生まれ育った脳は，どのような表象機能を有するのだろうか。そこで不全化した脳が必要とする療法は何なのか。

　表象機能の病理を解明することは芸術療法や表現病理学の秘めたる可能性である。もし世紀末を生き延びたわれわれが，21世紀を迎え，輝ける未来を享受できるとするなら，そこに至る道程には，人間の精神がある種の変曲点を通ることが必要であるのかもしれない。その際に芸術療法は，種々の領域と結びついて，その過程に何らかの影響を及ぼすものと思われる。それゆえにこそ，21

世紀における意識革命や精神生活に対して，芸術・創造行為と精神医学・精神療法の申し子として存在する芸術療法・表現病理学の果たす役割に，新たな期待と憧れを抱かざるをえないのである。

　21世紀の扉が開かれてしまった今，果たして私の精神は，いかなる文化のなかを彷徨ってゆくのだろう。「枠組」のなかに憧憬を留めて，私は今日も頁をめくる。

第1章
風景構成法の意義と手法

1. 風景構成法とは？

　風景構成法は，中井久夫によって1969年芸術療法の一技法として創案され，現在は，日本だけでなく広く東アジア，東南アジア，オセアニア，欧州，米国などの北中米および南米など世界各地に知られている。それは，イメージ・表象機能を介して，被験者の抱く心のなかの風景（心象風景）を三次元から二次元へ変換して1枚の紙の上に描いてもらうことで，その人の内的心的な空間特性（歪みなど）をみるというものである（図1）。
　そもそも芸術療法とは，表現精神病理学と表裏一体であり，イメージ・表象機能のもつ自己治癒力を絵画・音楽・詩歌などの芸術的媒介を使って引き出し

図1
22歳，女性，摂食障害，拒食症：地象が大きく，山が幅広く横たわっているが，全体が緑主体の，症状に比し穏やかな印象の風景。山と田が全体で一つの大きな壁となっているようでもある。

てゆく治療といえる。患者に応じた芸術創造，表現行動を行うようにすることによって，その精神の回復を図るというもので，一般に非言語的接近法としても用いられる。治療全体のなかに統合されて，その内容を豊かにし，治療過程における「乏しき時」の通過を多少とも容易にするとともに，治療のヤマ場や節目，待機の時を教え，患者治療者双方に暗黙の洞察をもたらしてくれる。

絵画療法は，そのなかでも最も研究成果の著しい分野である。それは，視覚が人間における優位感覚であることとも関係しているかもしれない。絵画を挿入すると，「転移がマイルドになり，acting out は象徴的次元ですまされ，言語による解釈の必要性が減る」（マーガレット・ナウムブルグ Naumburg, M.）。

イメージとして脳のなかに刻み込まれた絵は何年も鮮やかに残り，患者の側での何らかの変化を担っているのかもしれない。それゆえに，治療者側もまた，多くの目立たない，なだらかな流れのなかで，ときによぎる鮮やかなイメージを見落としてはならない。その際，治療者側の抱く"気づき"（水面下の"あっ，そうか"体験）に重点をおいて，患者治療者間のイマジネーションによるコミュニケーションを図ることが大切となる。

絵画療法において，"構成的空間"のなかで"風景"を構築するということのもつ意味合いは，次の3点である。

1) 診断的な意味で横断的に行う。もともと箱庭療法導入の指標として開発された経緯もあり，とくに初診時，治療的アプローチの選択に際して用いられる。
2) 治療技法として，縦断的継時的定期的に行う。表象による心象風景構築を通して具象性の回復，現実的構成力の回復を図る（"枠づけ"の効果も含めて）。ごく稀ではあるが，一度"のる"と治癒を目指して数十枚，ときには数百枚という自由画創作へと進みうる。
3) 間歇的に導入するのがよいという点を考えると，風景構成法が最適応であると思われるのは精神療法的接近としてである。それは，言語に詰まった時など，問診の流れに沿って，そっと障害の深さを測るために折りに触れて行う非言語的な接近法である。

風景構成法は当初，統合失調症性精神病の非言語的接近法として用いられた。とくに破瓜型（非妄想型）の人に適用して意味ある数少ない技法の一つで

第1章 風景構成法の意義と手法　19

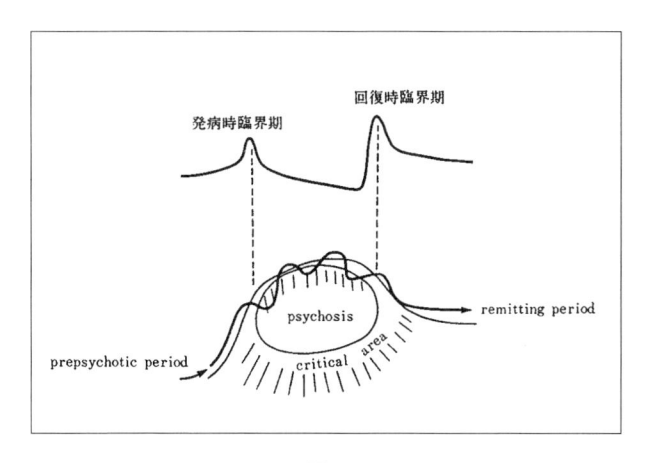

図2

あった。さらに，その後，その他のあらゆる精神障害にも適用できることがわかった。ロールシャッハ・テストや「なぐり描き法」などの投影的なものに比べて心理的な侵襲の度合いが少ない（とくに"心象風景"というものをもっている人においては）。それは，"雲のような"もやもやしたインクの染みや線の重なり合いのなかから"ある形象"を表象するということよりも，すでに心のなかに表象され記憶されている具体的な像を項目として，何もない空間（紙）の上に再現させてゆく方が負荷が少ないという表象機能の差にもよるのだろう。むろん，導入に適当な時期には疾病差，個人差などがあり，とくに統合失調症では，そのタイミングが難しい。急性期の症状がとれた回復過程の初期（とくに"臨界期"）[注1]（図2）（図内の矢印については第3章症例A参照）以降に導入するのが通例である。

注1）中井のいう統合失調症の本格的発展に先駆する非特異的な「発病時臨界期心身症候群（身体症状群）」，もしくはギゼラ・グロス Gross, G. の「前哨症候群 Vorpostensyndrome」と同様のものとみなされる，前頭部頭痛，微熱，月経不順，入眠困難，腹部膨満感，便秘下痢の交代などの身体的自律神経的動揺を呈する時期のこと。経過上，発病時と回復時にみられると中井は考えている。

2. 技法と適用

　導入に至るまでに，あらかじめ「枠づけ法」を含めた「空間の色彩分割法」を行って，描画一般への防衛を解くとともに，導入可能かどうかをみることが多い。面接の途中，言葉のやりとりが一段落したところで行い，絵を描くことを断ったり中断したりできる自由を保証する。治療の場は，断る自由のあることが自然に感じられる場であることが望ましい。テストではなく，上手下手をみるものでもないことを話しておく。どちらかといえば，新しい建設的なことを始める時にしてもらうと意味のあることが多い。

　まず，一枚の画用紙を机の上に置き，その周囲を"枠づけ"する。「今から私が唱えるものを順々にこの枠のなかに描き込んで，一つの風景として仕上げてください」とやり方を告げ，フェルトペンを渡し，一つずつ描き込むのを待って，その次の項目を唱える（10項目）。

　順序は，川，山，田，道，家，木，人，花または草（植物），動物または生き物，岩・石もしくは砂（鉱物）とする。川を最初にもってくるのは構成上の困難を設定するためである。「はじめにまず川を」「川があったら山があってもよいでしょう」「山があったら田んぼもあってよいでしょう」というように多少の抑揚をつける。雰囲気作りも大切である。そののちに，「あと何か足りないと思うもの，付け加えたいもの，補いたいところをどうぞ」と10項目以外の"付加"を認める。描き上がったら，治療者が手にとって，一度二人で一緒に眺めてみる。そして，クレヨン（またはクレパスやパステル）のケースを開いて，「色を塗って仕上げてみてください」と告げる。ただし，カラーショックの強い場合や色に関してこだわりのある人の場合はやめておく。出来上がった時点で，「この景色について少し教えてください」と述べ，「季節はいつ頃ですか？」「この山は何メートルくらいですか？」「山までの距離は？」「この川はどちらに流れている？」「川の深さは？　流れの速さは？」「この田は田植えのすんだところ？　これから田植え？　それともこれから刈り入れ？」「この人はいくつですか？　何をしていますか？　この家の人かな？」「この動物は何？」などの簡単な質問や会話をその場の雰囲気に合わせて，さりげなく尋ねてみてもよい。しばしば多くを語る必要がないのが描画療法の特徴である。

　風景構成法では，遠近，高低，奥行きなどの眺望 vista が示される。画面と

の間に一定の距離があるので，そのなかに浸り込む程度が少なく，劇的な展開はあまり示さない。それゆえに統合失調症の人に実施しても危険性が少ないといえる。連続的に行うよりは治療の流れの曲がり角で行う方がよいこともしばしばである。

　"構成"は"投影"に比べ，より未来指向的である。急に精神的視野が開けることが危険な場合（統合失調症の発病直前や，鬱病の病相期など）には非治療的であり，精神的視野が未来に向かって開けてゆくことが望ましい場合や，どの程度開けているかを患者自身が見ることが望ましい場合には治療的意義がある。患者が描いている間，治療者はいわゆる「関与しながらの観察」（ハリー・スタック・サリヴァン Sullivan, H. S.）を行う。予想と異なった意外な展開を示した時に抱く驚き（不安を伴わないものでありたい）（治療者は驚きに開かれていなくてはならない）を心に留めておくのがよい。これが，治療者側の抱く"気づき"である。色についても同様である。治療者側も少し遅れて模写してゆくと，眺めていただけではわからない点に"気づく"ことが多い。治療が進めば，最後に描画は平凡化する。決して芸術家を作ろうとはしないことを心に留めておきたい。彩色が強烈な対比色から，なだらかな類比色に移ってゆくことは，一般に治ってゆく過程を表しているといえる。

　従来の項目 item 逐次提示型と対比させて，項目を同時提示する事前同時提示型を開発し，その比較考察をしている研究もある。後者の方が，自由なものが描け，意外なものが加わる。一見容易にみえる同時提示型が，その自由度の高さゆえに，回復過程のごく初期においては，かえって選択困難を引き起こす場合もある。まだ表象機能がうまく回復していない時には，項目間の関連が表象されにくいのであろう。したがって，最初に川を示すことの有効性をみるためにも，導入時，少なくとも1回目は，逐次呈示で様子をみる方がよいといえる。

3. "枠づけ"の意味

　枠づけを行うと，心のなかにある空間が露呈しやすくなる。枠には自由な表出を保護し開放する側面がある。「枠づけ法」は，「箱庭療法では統合失調症の人はしばしば柵を周囲にめぐらせてから，そのなかに箱庭を置く」という河合隼雄の講演を契機にして，1969年中井が考案したものである。"枠なし"の空

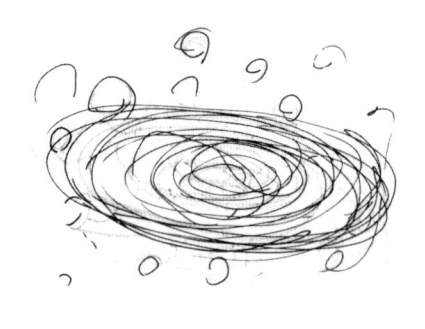

図3
24歳，男性，アパシー症候群：枠ありの描画で子どもを描いた。

図4
図3と同じ症例：枠なしの描画では渦を描いた。吸い込まれそうである。

間は，社会的，説明的，とりとめもなく無限に広がっている感じで，雑多なものが描き込めるが，まとまりにくい，外面的，防衛的，虚栄的である。それに比べて，"枠あり"の空間は，より根源的，内から外を眺めたもので，描画を容易にするが逃げ場がなく，描かないわけにはいかない感じを起こさせる。枠には表出を保護すると同時に強いるという二重性がある。隠された欲求や志向，攻撃性，幻想，内実が現れる。統合失調症の急性期においては，かろうじて外界からの備給によって自己のまとまりを維持しているからであろうか，枠ありの方がはるかにまとまりを欠き，しばしば無定型になる。臨界期を通過した時点で"枠"の存在は安定化作用をもつ。枠づけの有無に対しては，破瓜型の方がおおむね敏感であり，妄想型の方が比較的鈍感である。

　また，枠ありと枠なしをこの順番に同じ面接中に施行すると，しばしば意味ある対照が得られる（「枠づけ二枚法」）（図3, 4）。枠ありのあとの枠なし描画が与えるのは，一種の戸惑いを交えた解放感，あるいは外向性への転換である。枠づけされた空間への描画のあとだからこそその効果であることは，森谷が実験的統計的に証明している。森谷はその後さらに，"枠づけ"が描画空間自体の潜在的構造そのものを問題にしていることに着目，さらに発展させ，「九分割統合絵画法」を編み出した。

　治療者が患者の眼前で自ら画用紙に枠をとって手渡すことにも意味がある。これは，治療における"枠"を一般化して考える上にも重要なことである。市

橋は，枠をつけて庇護的空間を作り出すことは統合失調症患者が自己の身体性を維持するのを助ける効果がある，としている。

4. "解釈"への道標

　芸術療法は，一般的にユング心理学の影響を意識的にせよ無意識的にせよ多く受けて発展してきた。風景構成法の"解釈"の手がかりにも，ユング派の考えや箱庭療法の読み方が参考になる。
　「関与しながらの観察」のポイントは次のごとくである。

①川：空間の方向性と奥行きが決められる。無意識の流れ，生命的なエネルギーを表すと考えられる。その位置と流れの方向，広さと深さ，直流か蛇行か，幅の広がり具合，狭まり具合，分岐の仕方などをみる。うねっている川の方が治りかけの人に多い。川のなかに石や島のようなものがないか，それは川を渡りやすくしているのか，邪魔しているのか，川に橋は架かっているのか，なども大切である（それぞれ意味をもっていることも多い）。
②山：空と地面の配分を決定し，空間の大まかな広がりが決まる。地象の左右の傾斜，一つか連山か，険しいか，なだらかか，尖っているか，丘のようか，左に偏るか右に偏るか，山頂が枠より越えていないか，川との関係づけがなされているか（ときには川より手前にくることもある），などをみる。川が修正されて山と関係づけられることもある。山は理想と現実との隔たりを表していることも多く，乗り越えねばならない問題の数を示唆していることもある。
③田：平地の耕され整えられた部分であり，広さ，位置，整い方，時期，空間への収まり具合をみる。田は幾何学的な形であり，これによって空間の奥行きが，あらためて決まる。田だけが浮き上がっている場合も多い。空間の歪みは，ここで一番露顕しやすい。
④道：以上の"大景群"を大きく結び合わせるものである。川に沿うか交叉するか（橋の存在も含めて），彩色の段階で川と道が逆転しないか，などもみる。山と関係が深かったり，田の畦道という形をとることもある。空間の歪みや奥行きの混乱はさらに明らかになる。

⑤家，木，人："中景群"であり，個別的に描かれてHTPテストの読み方を参照できる場合（近景的HTP）や，小さく（多くは多数）描かれて個別性の乏しい場合（遠景的HTP）がある。これらの位置により，大景群の段階で一応確定された空間の奥行きが変化しうる。大きな家や木が遠くに描かれれば世界は近景化し，小さな家や木が比較的手前に置かれれば世界は遠景化する。個々の形状と相互の関係，大景群との位置関係（左右上下という），絶対的な位置関係が問題になる。空間の外に半分はみ出していたり，家が宙に浮いていたり，人を描くことを拒んだりすることもある。抽象的記号的に描かれることもある（とくに人に多く，棒人間，スティックパーソン stick person とも呼ばれる）。風景構成法は，HTP法を大景群のなかに埋没化させたものと考えることもできよう。

⑥花・草，動物・生き物，岩・石・砂："小景群"であり，個別的か，単数か複数か，用いられ方が遠景的か近景的か，などをみる。位置関係における問題点は中景群と同じ。花は，人まで描いたあと，少しほっとしてもらう意味合いもある。彩りを添える。川や道に石が置かれる場合は注目したい。砂は，"流出"や，とりとめのない，限定のないもの，枠のないものという意味内容をもつことがあり，統合失調症の人には，ときには危険かもしれない。それゆえ，さりげなく「岩とか，石とか……たとえば砂とかネ」と述べて，砂を抵抗なく（たとえば枠を作って砂場を示すとか）描けるかどうかをみるのは，回復を知る一つの手がかりになると思われる。

⑦付加：橋（橋はしばしば道の段階で架けられる），太陽，雲，乗り物が多い。川に魚，家に窓やカーテンや戸が描かれる。正規の項目の数（量）が追加されることもある。付加は無から有への表象をも示している。告げられた項目以外に何が表象されるか？　残った地面を埋めるのと，家や木や人や動物を増やすのと，何もない空に雲や太陽を描くのとは違うであろう。第3章以下の展開はこの点を中心に行われてゆく。

⑧色彩：彩色によって印象が変わる場合がある。全体的にみて，空白の部分の有無・比率・位置はどうか，自然的色合いの世界か否か，緑の世界か冬枯れの世界か，一日の何時頃の景色かなどをみる。一転して夜の世界に変わってしまうこともある。彩色部分間の接触回避性 Kontaktscheu の有無も問題である。混色，陰影づけの有無，最初に何を塗るか，塗り残すのは何か，などもみる。

⑨完成後：あらためて空間の大きさ，広がり，奥行き（近景を欠いているか否か）などをみる。色彩による奥行きの表現（色彩距離効果）があるか，左が手前か右が手前か，正面から見たものか，視点の高さはどうか，空間の整合性・項目の抽象性に問題はないか，全体としての印象はどうか（淋しい，明るい，弱々しい，真空のよう，など）……大まかには，統合性，豊富性，分化性，整合性とともに，色彩を手がかりとする情動的なトーンが問題になる。

5. 風景構成法への道

　中井は，その芸術療法論文初期三部作を通して，「統合失調症に関する精神病理学的法則は，一般的に描画の領域においても貫徹されており，統合失調症絵画の研究は決して孤立した領域ではない」ことを示した。以下，その論文をもとに，筆者の論点を多少付加しながら，この初期三部作の内容を概説し，そこからさらなる考察を膨らませてゆきたい。

　中井は初期の論著において，統合失調症について以下のような印象的な言説を残している。

　　「急性の統合失調症状態，それは意味づけられた世界から不意に放り出された人間の"説明飢餓状態"であり，そこには包括的な存在意味の剥奪がある。その時，人は，自己というものの健全な存立を巡っての生死を賭けた闘いを行う。それが何よりも自らの言語意識にとって未曾有のものであることによって，事態はよりいっそう救いのないものになる。もはや余裕のある沈黙のなかで"表現"の熟するのを待つことはできない。意味に支えられた世界は反転して意味を失い，逆に意味を押しつけてくる（世界と自己のパターンの逆転（安永））。外界と内界の境界はなくなり，すべては見透しの世界になる。そこでは言語の支持構造は失われて"表現"はもはや可能ではなくなる。イメージの世界も，また無傷ではありえない。統合失調症という負の世界に転落したままでは，"想像力"という能動性と自己凝集性，"表現"という内面から外面への活動は原理的に不可能だから」。

しかし，イメージは言語ほど一対一の洗練された関連づけを必要としない。「それゆえに，意味そのものを必要としない，意味に迫られない絵画（とくに心のなかの風景など）という小世界は，意味を押しつけてくる世界にいる者にとっては，言語と違って，いくぶんの安心と"ゆるみ"を与えうるかもしれない」。ここに，統合失調症における絵画療法の重要な意味合いがある。

「統合失調症の人は，その住む世界ゆえに状況依存的である。それゆえにこそ，ある時期以降に描画を通して彼らが自らの内面を安心と"ゆるみ"をもって示すことができるような治療的雰囲気を作ることができれば，そこで描かれた絵は治癒力をもち，"想像力"と"表現"を回復へと導き，失われた言語支持構造を取り戻し（描画の傍らにいれば描画に庇護されて言語が甦る），彼らを統合失調症の世界から安住できる正常な世界へと回帰させうるかもしれない。統合失調症患者は状況の変動を乗り越えて自我の一貫性を維持することができない。この状況依存性こそが統合失調症絵画の最も包括的な特徴であり，それゆえに，関与しながらの観察によってはじめて，患者の世界はわれわれの前に開かれ，描画は治療的意義をもつようになる」。

以上の点を踏まえて，中井はいくつかの新しい描画誘導法を統合失調症の個人精神療法の場で用い，描画使用の適用範囲を広げた。まず，慢性統合失調症患者，とくに言語活動の乏しい者に重点をおいて，「枠づけ法」を含めた「なぐり描き法」を行った。一般に，急性期にあっては，なぐり描き法は拒否されるか，指示にのらない。それゆえ，臨界期以降が望ましいとされる。この方法は，葛藤が強く言語的接近を拒んでいるというような際の防衛の突破に有効であり，慢性妄想型がかなりの適応を示した。しかし，慢性破瓜型にとっては「自由に線を書く」「何を描こうとも考えずに線を引く」ということは過大な心的エネルギーの消費を伴うもののようであった。そこで，箱庭療法に示唆を得て開発していた風景構成法を導入してみた。なぐり描き法のような投影的技法によい適応ぶりを示した妄想型の風景構成法が，かなり強引で歪んだものとなり，空間は透視法的に不整合（しかも，ほとんどまったく自覚しない）（これを描画上のP型とした）であるのに対して，破瓜型の描く風景は，生気の乏しい風景ではあっても，ほとんどすべて整合的か，またはまったく構成を放棄（まるで文字

を書いてゆくように，川，山，田……と絵を描き並べてゆく）したものであった（これを描画上のH型とした）。緊張型は，病間期においては投影法では妄想型に近く，構成法では破瓜型的であった。すなわち，妄想型では投影は比較的うまくできるが構成で歪みが現出し，非妄想型では構成は困難なくできるが投影を避ける傾向がみられた。

　さらに中井は，統合失調症の臨床型のすべてにわたって相当範囲の縦断的観察を行った上で，多種の精神障害者に実施した場合と対比させ，そこから抽出された問題を一般化し，描画論の範囲を越えた統合失調症患者の心理的空間の問題として発展させていった。

第2章
風景構成法と表象機能

1. 風景構成法の意味するもの

a. 統合失調症患者の描画の一般的特徴

　他の精神障害者の描画と対比しながら，疾病特異的なものではなく，また診断基準というよりは総合的判断や治療者側の盲点をみる，ないしは診断の可能性に対して何らかの示唆を与えうるものとして挙げてみた．

1) 所要時間が短い（おおむね3対2以下である）．
2) 訂正の欠如，筆のためらいのなさ．

　1），2）は統合失調症患者の"前意識"の自由度の減弱を示唆している．鬱病者や嗜癖者では一般に所要時間が長い．とくに嗜癖者の場合2〜3時間かかることもある．統合失調症の人でも所要時間が長い場合がある．それは，強迫的思考が渦巻いているからといえるかもしれない．

3) 混色の欠如（混色によって生じる予測できない事態を避けるためと思われる）（神経症者や嗜癖者などは一般に色彩の混色が著しい）．
4) 陰影づけの欠如（やわらかな生地，きめなどに対する感覚が発現しない）（影をつけたら軽症か，辺縁群か，ずいぶん治ってきたと考えてよい）．

5）色彩距離効果の欠如（遠くのかすみを欠き，しばしば真空あるいは月世界のような印象もしくは芝居の書割的印象を与える）。
6）描画における状況依存性（健常者・健康回復者は，状況に影響されつつも描画にその個性を貫徹する強さをもっていることが多い）。
7）画面の枠づけへの依存性。
8）言語的説明の乏しさ（言語とイメージとの"風通し"が格段にわるい。躁うつ病も同様であり，これらを psychosis として neurosis と区別する基盤があるかもしれない）（嗜癖者はその貧しい描画に対しても過剰なほどの言語的解説を加える）。
9）空白を有効に使用できない（抑圧の強い神経症者の空白は，一つの効果として計算に織り込まれていることが多い）。

寛解，治癒に従って，これらの特徴は目立たなくなり消失する。臨床症状の改善と平行する場合もあるが，遅れ先立つこともあり，こういう場合，そのことの意味を個々の例に即して考察する必要がある。

b. 風景構成法における対比

空間構造は，しばしば端的に臨床的特徴や行動特性と一致する。一般に，風景構成法を中途で放棄し完成に至らない症例は，たとえ生活面の改善が顕著であろうともきわめて破綻しやすい。妄想型には「近景化現象」，「超近景化現象」がみられる。描画につれて，現実が手元に引き寄せられてくる印象を与える。画面の左を手前に取るか，右を手前に取るかについては，ユング派のいう左が内面（あるいは過去），右が外面（あるいは未来）という原則がよい導きの糸となる。

一方，嗜癖者の風景構成法は，心理的に重要な事物（とくに家，木，人など）を遠方に置き，それらを透視法の要求する程度よりも小さく描くことが多い。全体として，現実が遠のきつつある印象を与える。家，木，人などが複数個存在し，そのすべてが画一的並列的で，とくに目立ったもののないことも一般的な特徴である。嗜癖者の描く人間は「働く人」であることが多い。

発病後の統合失調症患者の風景構成法は内容分析をたやすくゆるさないが，彼らの示す特異な形式の空間（破瓜型の整合的だが遠方まで同じ鮮やかさで見通しがきく荒涼たる世界や，妄想型の距離が潰乱した世界）は，その心理的空間をきわめて端的に表している。

c. 投影的空間と構成的空間，そして反パラディグマ指向性とパラ統合指向性

なぐり描き法と風景構成法の対照性は，形式的なものだけではない。内容的にも重複せず，むしろ相補的立体鏡的に内的世界を開示している。なぐり描き法の過程はロールシャッハ・テストと同様，すぐれて投影的である。投影が行われる場としての"投影的空間"は，内的空間の性質を帯びており，奥行きや地平あるいは眺望を欠き，距離は浮動的で，前ゲシュタルトの充満した空間である。この空間のなかでの"投影"の過程は，徴候性（あるいは相貌性または本質特性の前景突出）の相において前ゲシュタルトのなかから一つのゲシュタルトを相互排除的に選択することを意味している。このように何らかの点で相似なもののなかから相互排除的に一つを選ぶ過程は，記号学的にパラディグマティック paradigmatic な過程と呼べる。

風景構成法の過程は箱庭療法と同様，すぐれて構成的である。構成が行われる場としての"構成的空間"は，外的空間の性質を帯びており，地平線と眺望を予想させ，距離は明確に定義され，外枠の存在によって中心・周辺，上・下，左・右を構造化されている素白の空間である。この空間のなかでの"構成"の過程は，対象性（そしておそらく図式性）の相において，"距離"（距離をとることは，わずらわしい細部を消去することでもある）を本質的な要素の一つとして相依相待的に選択することを意味している。このように相補的なもののなかから相依相待的に一つの全体を構成する選択を行う過程は，記号学的にシンタグマティック syntagmatic な過程と呼べる。実際のなぐり描き法には彩色完成段階に構成的な過程が入り込んでおり，風景構成法においては彩色は投影的である。ここにおいて，"構成"は"投影"に比べ，より未来指向的であることが窺える。

上述した二つの過程をもとに考えると，描画上H型といわれるものは，パラディグマティックな選択を回避しようとする指向性（反パラディグマ指向性 anti-paradigmatism）に結びつけて理解できる。なぐり描き法においての常同性・幾何学性・左右対称性，風景構成法における遠景化現象・項目 item の抽象化（破瓜型において，とくに人間が抽象化される）・構成放棄（図1）などである。彼らはパラディグマティックなものが無数に吹きつけてくるのを，「選択的非注意」（ハリー・スタック・サリヴァン Sullivan, H. S.）あるいは知覚のフィルター機能といわれるもので，かろうじて，さばいているのかもしれない。同じH型でも，嗜癖者は，破瓜型が抽象化する人間や木や家を小さく描き遠く

図1
26歳，男性，非妄想型統合失調症：構成放棄像

図2
36歳，男性，妄想型統合失調症：種々の視点からの絵の複合。異色性。超近景化現象。空間の不整合性。細部が全体の構成よりも優先されている。

に置く。具体的な世界のなかに留まり，抽象化の方向をとることがない。描画上のP型は，全体を見ず強引にシンタグマティックな選択を行うキメラ指向性（パラ統合指向性 para-syntagmatism）に結びつけて理解できる。なぐり描き法においての混交・形態水準の低下を無視してすべての描線を有意味とみなす「超全体反応」，風景構成法における「キメラ的多空間現象」など，破瓜型の個性回避に対し，ここでは個性執着がみられており，細部が全体を見越した構成よりも優先されている（図2）。

さて，ここで経過に注目して論をまとめると，統合失調症の経過において，H型とP型の差は，臨界期を通過して初めて顕在化してくる。発病過程では，投影的（あるいはパラディグマティック）な側面はかなり早期から悪夢化するが，構成的（あるいはシンタグマティック）な側面は発病の間際まで維持される。このことから，回復の過程では，構成的な側面から補強することが，より治療の方向性を強めることに繋がるだろうということが推測される。

それはまた，発病時，風景構成法において，彩色は悪夢化しても，空間の整合性は最後まで損なわれないことが多いこととも繋がっているだろう。急性期では，風景構成法の空間は大地をまったく欠いており，霧の上にわずかに頭を出している山頂（図3）のように，項目（象形文字のような形象のことが多い）が過剰な白さ（空白）のなかに散らばっている。寛解例，慢性例の風景構成法

図3
17歳，女性，統合失調症急性期：「無人島」と言う。

図4
78歳，男性，妄想型統合失調症：若い頃から幻聴などの異常体験に悩まされていた。高度の寛解時であるが，右下の大きなバラの花などの小さな特徴を残している。

にみられる効果的に用いられていない空白の存在は，急性症状の残存と対応することが多い。臨界期では，1枚として同一物の反復がないといってよいほど実にめまぐるしい展開を示す。寛解期では，その後期において風景構成法はダイナミックに変化する。

　破瓜型で，陽性症状の出現と同時に風景構成法に不整合が出現する例もある。P型の不整合性は臨床像の改善と平行して漸減するのがふつうであるが，高度の寛解時にも多少の異色性や地平線の歪み，あるいは遠方の大きな花など小さなP型的特徴を残すことが多い（図4）。H型にみられる構成放棄は必ずしも病勢の増悪を意味せず，かえって臨床的安定化と対応することが少なくない。決断を必要とする場面を回避し，指示通りに生活する限り，破綻をみせないことが多い。また一般に，慢性例，陣旧例においては，H型とP型は「生活臨床」的には「受動型」「能動型」によく対応する。

　緊張型，とくに挿間性緊張病者では，その病間期において例外的に陰影づけや色彩距離効果，混色を行う。わずかな描線に巧みな投影を行い，整合的な風景を構成する。これらの特徴は，彼らの非定型性あるいは病間期における寛解度の高さによると考えられる。破瓜型における反パラダイグマ指向性（類似なもののなかから相互排除的に一つのものを選ぶことを回避したり，個性的なもの，徴候的なものを回避する傾向）と妄想型におけるパラ統合指向性（全体的見地を無視した強引な統合形成）は，描画だけではなく，一般に，経験と行動

のパターンにおいても広くみられる。しかし，これらの指向性は，相互排除的なものではなく，むしろどちらか一方がより前景に出ているだけであると捉えるべきであり，外からの脅威や内面の枯渇に対処する一つの"生の戦略"であると思われる。

　妄想型においてパラ統合指向性のもとに反パラディグマ指向性が透見されることがしばしばあることから考えると，統合失調症とは，反パラディグマ指向性という生の戦略が主役の一つである事態（すなわち，図式性が後景化し徴候性が相対的に優位になっている空間に生きているがゆえにパラディグマ的投影を回避しようとしている，というような事態）といえるのかもしれない。

2. 風景構成法の先にあるもの

　以上，第1章から続いて中井の初期芸術療法三部作といわれるものを中心に，中井が著した論文を風景構成法を主軸にしてまとめた上に若干の考察を加えたが，これらの業績が芸術療法・表現病理学・統合失調症臨床の流れに与えた影響は大きく，それを要約すると次のごとくになる。

　それまでの芸術療法は，いわゆる精神病院にて行われるレクリエーション療法あるいは作業療法の一つとして，莫大な時間を与えられた入院患者の心休まる時の過ごし方の一つとして，ときには集団の場で，ときには診断的テスト的に行われることが主であった。そこでは，患者のもつ創造的な面に重点が置かれ，芸術的な仕上がりを促す方向へ関心は向いていた。また一部では，より治療的な形で，言語的精神療法に対するものとしての非言語的な精神療法がneurosisをその対象の中心として行われていた。そのなかにあって，中井は，

　①統合失調症状態の明解な説明的言語化を行うとともに，
　②統合失調症状態における言語とイメージの違いを述べ，統合失調症患者にとってのイメージ，とくに絵画のもつ意味を捉え，いかに場が治療的であれば，統合失調症患者のもつ状況依存性によって，一つの絵画・描画が治療的になりうるか，を示した。
　③それまでにあったなぐり描き法などの種々の技法や，自ら開発した風景構成法を統合失調症患者に適用し，

④その心理的空間を描画を通して捉え，精神病理学的側面をみる指標として，芸術療法の立場を広げた。

⑤イメージを介した治療は，むしろ統合失調症圏の人にこそ必要であることを示し，言語的な治療に至るまでの道程として，治療体系全体のなかに統合されてその一部として機能する非言語的接近法の重要性を説いた。

⑥描画上の型（H型とP型）を定めるとともに，臨床型との対応，その経過上の変化を調べ，それらと，そこから記号学的に導出された生活パターンの類型（反パラディグマ指向性とパラ統合指向性）の関連性を著した。

中井が風景構成法の手法とその成果を発表して以来，いろいろな人たちによって，追試や適用範囲の拡大がなされた。そのなかで新しい知見も次々に見つかっている。以下にその一部を挙げる。中井は，かつて入院治療を担当した5名の患者に十余年を隔てて風景構成法を再施行し，その結果を報告している。統合失調症患者の空間表現の特性については，高江洲や市橋の検討に引き継がれてゆく。高江洲らは，風景構成法の空間論的検討として，統合失調症患者の風景画の特徴を図像学的に解析することを試み，統合失調症患者の心性と風景構成法の特質について論じている。統合失調症の経過の時間軸に沿った変化については，中里が，急性状態の回復期に風景構成法を継続的に試み，そのretrospectiveな比較を通して描画を相対的に評価し，描画の構成の基本的な変化が出現する"変曲点"を定義している。また衛藤は，急性状態の回復期に風景構成法を試み，「患者と世界との主観的関係は"世界図式"の不成立，改変，修復という三つの様相で風景構成法のなかに出現する。これらの時期に適切な精神療法を行うことが予後の良し悪しに関係してくる」としている。市橋は，急性期に風景構成法を試みることは，臨界期を非言語なレベルで見い出す上において診断的な意義がある，としている。具体的には，川への着色，生命イメージの放出，太陽表現などである。市橋が他技法との比較について論じているほか，その他の検査データを風景構成法と組み合わせて比較しているものとしては，向井の脳波との対応，井上の家屋画二面法，後藤のイメージ造形技法，などが挙げられる。また，山中は，「此岸なしの川」「川が立つ」ということの意味について，および「道と川の関わり」について調査検討している。治療的実践については，滝川が，日常的な対応の上での，さりげない着実な形の応用を示している。石川は，境界例の風景構成法をとりあげている。大場らは，

ネパール高地に住む児童と各国の登山者に風景構成法を試みている。

これらは，1988年頃までのものであり，それ以降，筆者が第3章以下で述べる風景構成法の拡充法の開発や，統合失調症の表現病理学的知見の新しい展開がみられた。もちろん，筆者以外の研究発表や症例発表もあとを絶たない。日本芸術療法学会誌や心理臨床学研究，皆藤著の『風景構成法』や山中編著の『風景構成法その後の発展』も参照されたい。

これ以降は，筆者がその後の25年の歳月において発展させていった風景構成法・芸術療法・表現病理学についての論旨に的を絞りながら，論を展開してゆくことにする。

3. 未来，方向性……そして表象機能

イメージ・表象機能のもつ可能性を見つめながら創造性を介した治療を行い，自然治癒力をもつ表象機能の回復を目指すということは，多くの心を病める人々を一般社会へと導いてゆく道に繋がるであろう。投影的ななぐり描き法にしろ，構成的な風景構成法にしろ，やはり表象機能が介在している。芸術療法の根本原理がそこにある。

一般に，芸術的媒介が診断あるいは経過の指標に留まるか，治療に繋がってゆくかは，その患者のなかで創造への表象能力が触発され，枠をもった形で次々に湧き上がる方向へもってゆけるか，にかかっている。この点からみても，枠づけされた形で次々と項目が与えられ，表象を湧き上がらせ，紙上に描いてゆく風景構成法は「より治療的」であるという印象が強い。枠のなかの風景は描く人のもつ心象風景を表しており，彩色において投影的要素をも併せ持つ。それは，自画像，人物画，家族画，バウムテスト，HTPなどの具体的項目画よりは「より構成的」（項目間同士の構成をみるという意味で），かつ「より投影的」であることを示している。そのうえ，出来上がった風景にいくぶんかの言語化を求めるという過程を考え併せると，風景構成法は人間のもつ表象機能全般（個々の項目の関連表象も含めた）を示唆しているといえるだろう。さらに，"付加"にて行う表象には無から有への表象が含まれていることを考えると，その奥には抽象化機能との繋がりを窺わせ，具象性と抽象性，意識界と無意識界を結び合わせる架け橋にもなりうると思われる。

ある統合失調症性精神病の症例は，木は描けるが，「では森は？」と問うと描けなかった。おそらく，その人は，森を全体としてのみ捉えるだけで，森を要素に分けたり，その要素間の関連の総体として森というものを捉えることができなかったのである。しかし，その患者も，森を部分に分けて，まず木を1本描いてもらい，さらにそれから派生して関連表象を促す形で，他の木，花，道などの項目を加えて一つの全体を構成するようにもってゆけば，森を描くことができた。風景構成法は，項目を順に与えることで，実はこの過程を無言のうちに促している。徴候性優位のなかで，統合失調症患者は一つの微妙な変化から即座に全体を読み取ろうとするわけであるが，風景構成法が「より治療的」であるといえるのは，まさに項目間の関連表象を一つ一つさりげなく導くからであり，さらにそのあとで患者自ら距離をおいて見ることで，それを補正することができるからなのではないかと思われる。おそらく，統合失調症の人たちにとっては，全体的なテーマを与えたのち，項目一つ一つを部分として捉え，その適切な関連づけを通して全体を構築するような描画誘導法（構成的描画法）は，治療的となりうるのであろう。

　なるほど，10の項目をもつ田園の風景は，日本の風土に独特なものなのかもしれない。風景に自分の心を託せる民族と託せない民族があるといわれている。しかし，それぞれの国，それぞれの文化に適した項目要素を抽出し，その文化特有の構成法として風景構成法を組み立ててゆくのなら，この手法は世界共通のものになるであろうし，世界間文化間を越えた統計的な比較検討も可能になってくるだろう。

　なぜ人間は，感じたり認知したりするだけではなく，頭のなかで"もの"を描き考えることができるのか，心のなか（内界）に外界（世界）を再構築し，それと対比させて自己の存在（内的世界）を認識することができるのか，表象能力・表象機能がなぜ生じ，それがどのようにして生命体の自己治癒性を引き出し，支え，導いてゆくのか……こうしたイメージ・表象の構造と機能の解明は，人間に残された究極の課題といえるだろう。このような方向性をもった研究は，これからの焦点の一つとして，言語を介したものを主としてきた精神病理学や精神療法と，イメージを介したものを主とする表現精神病理学や芸術療法の双方からのアプローチを受けうるものであり，両者の溝を埋めてゆくものであると考えられる。未来を示唆するkeyとして，そのなかにおける風景構成法の果たす役割は，今後ますます増大してゆくであろう。

おそらく，統合失調症の人たちにおいて風景構成法が整合的になってゆく過程には，健常者が何度も行ううちに手技や構図を覚えてしまい，はじめ不整合であったものが次第に整合的に描けるようになるという事態とは違う何かの力・要素が必要なのであろう。たとえば，臨界期においては，何日かに一度の頻度で描いても構図が多様に変化し，めまぐるしい展開を示す場合が多いし，P型では，高度の寛解時にも異色性や空間の歪み，不整合性を残すことがしばしばである。また，いつも同じ構図で描けるようになるということは，たとえそれが構成放棄のような形であっても，それなりに安定化してきていることを示す場合が多い。そういう時は，情動的な色彩のパターンがどのように変化してゆくかが，むしろポイントになる。それはおそらく表象機能の段階的な回復を示しているのであり，臨床型に対応した各回復段階の状態に従って，発病時・急性期・臨界期・寛解期などに特徴的な描画を構成するものと思われる。そこに，統合失調症における風景構成法とその他の疾患における風景構成法の意味合いの違いがあるのだろう。

　統合失調症の本質に表象機能がどの程度関わっているのか。表象機能は自己治癒力を以て回復してゆくとして，絵画を描いてもらうことは，その過程にどの程度の影響を与えているのだろうか。描画上の変化は，薬物やその他の療法における治癒を示しているにすぎないのか。それとも，絵を描いてもらうことで（何日かに一度それを行うということで），そういう変化が生じてくるのか。種々の疑問点は残る。しかし，薬物療法とて，主に陽性症状には作用するとしても，統合失調症の本質に作用してその回復に影響を与えているかどうかは，未だ未解決である。おそらく，現在の薬物が，統合失調症の本質に対しての心身の一種の代償作用とも考えられる陽性症状に主として作用するものが多く，そのなかで患者自らの自己治癒経過を待つのと同じように，風景構成法も，心のなかにおいて，ときに外界を吟味することで現実対処能力の向上を促し，生命のもつ表象機能を介した自己治癒経過を待っているのだ，といえるのかもしれない。

　風景構成法は，その"構成法"としての意義を考えるならば，テスト的な他の描画よりは，より治療的なニュアンスの多いことは確かである。風景を描くことで，少なくともその時は現実構成能力を培っている。ただ，いつも，どんな場でも，それが治癒への力を発揮するかというと，必ずしもそういうわけで

はない。治療の場の状況や，その患者自身の本来の（発病前の）表象機能の発現様式の傾向などにもよるものと思われる。風景構成法に内在する力は，統合失調症の本質を回復へ向かわすものとして，中井・山口が「精神の気象学」（中井久夫著『最終講義』）において示したところの「S圧（統合失調症化する力）に拮抗するR圧（回復を目指す力）」を支える「変化力（R化力）」の一成分として働いていると考えられる。

　その際，心が2方向あるいは多方向制御であるがゆえに，ある時には，たとえ数週に1回行うだけでも，その力で事態は大きく動くが，ある時にはまったく動かす力にならない（テスト的な面だけで終わってしまう）というようなことが起こるのであろう。それゆえに，状況依存性の高い場をより治療的に動かすためには，そこに，何かその力を補強するもの，たとえば風景構成法にプラスして行う手法なり，何か表象機能の自己治癒力を高める作用をもつ手技なりを付加する必要性があるのではないだろうか。

第3章
拡大風景構成法における
天象・地象表現と精神的視野

はじめに

　風景構成法 Landscape Montage Technique は，1969年日本において中井により創案された芸術療法の一技法である。それは，枠づけされた1枚の紙の上に川，山，田，道，家，木，人，花・草，動物・生き物，岩・石・砂の10の項目および「何か足りないと思うもの，付け加えたいもの，補いたいところをどうぞ」という"付加"の過程を合わせて一つの風景を構成してもらい，その被験者のもつ心理的空間特性をみるというものである。その際，付加の段階で空の部分に手を加え，そこに雲や太陽を描き込む人が多いことに筆者は着目してみた。果たしてその時，その被験者は，その視野の上方，空の上に何をみているのだろう。また，その際，夜の景色（夜の空）が少ないのはなぜだろう。
　今回とりあげた症例群に対して，付加の項目についてのリストを作成してみたところ表1のような結果が得られた。ほとんどの疾患群で雲や太陽の比率が高い。これを空の部分（天象）と地の部分（地象）どちらに付加したか（あるいは両方に付加した，もしくはどちらにも付加しなかった）ということでまとめてみると，天象への付加がいずれの疾患群でも比較的多くみられた。とくに神経症群では目立って多い。また，統合失調症性精神病のうち中井の定義した描画上のH型を示す例では，天象に加える以外には付加しないことが多いのに対して，P型を示す例は地象に付加する傾向がH型に比べて多いようであった。

表1 風景構成法における付加と精神的視野

疾患群		付加項目リスト (付加なしの場合を含めての比率である。付加の段階以前に加えたものは除いている。また，彩色の段階でのものも含んでいない。)	天象地象どちらに付加したか (%)				全視野に対する天象の比率 (全視野を1として)
			天象	地象	両方	付加なし	
統合失調症性精神病	描画上のP型≒妄想型	雲(25%)，太陽(12%)，畑(10%) その他，数%として 鳥，電信柱と電線，ドアのノブ，橋，煙突，窓など (すでにある項目を増やす形で) 岩，川の流れ，花，田など	35	35	5	25	0.09-0.56 (平均0.28)
	描画上のH型≒非妄想型	太陽(32%)，雲(24%) その他，数%として 柿の木，高層ビル群，橋，砂場など	36	12	0	52	0.15-0.85 (平均0.39) (構成放棄例を除く)
非定型精神病		雲(38%)，太陽(10%) その他，数%として鳥，車など	38	13	0	49	0.12-0.62 (平均0.36)
器質性精神障害		雲(20%)，太陽(18%) その他，橋，地面の斜線，車など	28	36	0	36	0.21-0.50 (平均0.36)
気分障害	躁状態	太陽(22%)，鳥(22%)，魚(22%) その他，橋，人の追加など	33	22	12	33	0.18-0.65 (平均0.45)
	うつ状態	太陽(18%)，雲(18%) その他，魚，電線，石に草など	14	43	0	43	0.18-0.71 (平均0.34)
神経症		雲(42%)，太陽(37%) その他，数%として鳥，音楽，煙，鳥居，車，魚など	67	8	8	17	0-0.41 (平均0.30)

　さらに表1には，施行した各風景構成法における天と地の比率（全視野を1として，天の占める率がいくらかということで示している）も書き加えている。風景構成法における天地の比率は，各疾患の経過別あるいは各個人別の空間把握の特性を反映しているともいえる。たとえば，広場恐怖（agoraphobia）の例では地平線が高い（中井）。統合失調症では，妄想型（描画上のP型に対応）は非妄想型（H型に対応）に比べて天の比率が少ない（空が狭い）傾向にある。また，うつ状態は視点が低く，躁状態では高い。不登校では「稜線の枠ごえ現象」（中井）がみられたりする（地象の天象への突出）。

　このように天象・地象表現には，描いた時点における各被験者の空間認知や空間表現の特性が織り込まれているのであり，その人のもつ"精神的視野"の

第3章 拡大風景構成法における天象・地象表現と精神的視野　43

図1　キアサージ号とアラバマ号の海戦

影響が色濃く反映しているといえるだろう。こうした，とくに風景画などの画上における精神的視野のもつ重要性は，芸術絵画の世界においても，印象派の先駆けとなったエドゥアール・マネ Manet, E. の画において窺い知ることができる。彼は，1864年に発表した「キアサージ号とアラバマ号の海戦 Le combat du Kearsarge et de l'Alabama」（図1）において，水平線の高さを変えることでカンヴァス上の空（天）と海（地）の比率の転回を図り，船ばかりでなく波あるいは海そのものを劇的に際立たせ描くことに成功し，人々をあっと驚かせた。精神的視野のもつ見えざる力を人々の前にさらけだしたからこそ反響を呼んだのであり，その力の人々に与える影響を実証しているともいえる。

そこで，今回は天象に注目し，冒頭に述べた疑問点に従い，精神的視野を拡大させ，意識を空へ上空へと進出させてゆくとどうなるかをみるために，風景構成法のあと，さらに"空"と"星"を描いてもらうということを試みた。視点をわれわれが日常みている景色から空へ，空から宇宙（もしくは夜空）へと徐々に引き上げてゆくとどうなるか，その時，枠に囲まれた空間に何を思い浮かべるか，それは具体的なものか，抽象的なものか，空間に上下の差をつけるだろうか，空間のなかに浸ったように描くだろうか，空間のなかに"存在"する有形のものを描くだけか，それともその空間自体を塗り尽くすだろうか，さ

らにそのあとに枠なしの空間を加えた時はどうなるのか，などをみるためである。"夜空"としないで"星"としたのは，暗さが強調された何もない空間を連想させるよりは，暗闇のなかに浮かぶ光・形あるものを呈示する方が，より安全だと思われたからである。

そもそも風景構成法には，人間のもつ表象機能の種々の段階が含まれている[注1]。与えられた具体的な項目を思い浮かべる過程，その項目間の関連を思い描く過程，出来上がった風景にいくぶんかの言語化を求める過程などのほか，さらに"付加"においては，（残った地面の余白を何かで埋めたり家や木や動物の数を増やしたりなどの）残った空白部分への進出の仕方や，（何もない空に雲や太陽を描くというような）新しい項目 item の創造などにおいても種々の表象化の過程が併せ考えられる。

一般に，芸術的媒介が病名診断あるいは経過診断の手段となるか，治療に繋がるかは[注2]，その患者のなかで創造への表象能力が適度に触発され，「枠組」を保ちながら次々と湧き上がる方向へもってゆけるか，にかかっている。この点からみても，枠づけをした形で次々と項目を与え，表象を湧き上がらせ，紙上に描かせてゆく風景構成法は「より治療的」であるという印象が強い。そこで今度は，先に天象を描いてもらった際に下方に景色を描かなかった例について，その空間の下にどんな景色を思い浮かべるか，という表象化を行った。枠に囲まれた世界（風景）から，その枠をいわば半開放化し，三次元的に，つり天井のような空（星空）の下に景色を表象してもらうのである。先にまず風景を描いていることや空・星を描いていることが，自己の描画による一種の自己刺激になっている。そこから出発して表象化を行う。これは通常のイメージングに対してあらかじめ保護的な布石を二つ置いたことになる。この布石下に表象化を軽い促しに留めて，自己治癒力の適度の勾配をもった再生を期待するという

注1）風景構成法がロールシャッハ・テストや「なぐり描き法」などの投影的なものに比べ心理的な侵襲の度合いが少ないのは，"雲のような"もやもやしたインクのしみや線の重なりあいのなかから"ある形象"を表象するということよりも，すでに心のなかに表象され記憶されている具体的な像を項目として，何もない空間（紙）の上に再現させてゆく方が負荷が少ないからであろう。

注2）風景構成法は診断的（治療的アプローチの選択に際して，横断的に行う）にも，治療的（表象による心象風景構築を通して具象性の回復・現実的構成力の回復を図るために縦断的継時的定期的に行う）にも，精神療法的接近（言語に詰まった時など，問診の流れに沿って，そっと障害の深さを測るために折りに触れて行う）としても用いられる。

ことである。

　"統合失調症"が「人間のもつ図式的認知の麻痺や歪みや崩壊と徴候的認知の前景化を伴う」（中井久夫著『分裂病と人類』）ことは周知のとおりである。これに対して芸術療法では，「創造性を介した治療によって自己治癒力をもつ表象機能の回復を目指す」という，その定義の上に立って，統合失調症患者に対してはとくに図式性の再統合と徴候性の再制御を目指すことが治療の有効性に繋がると考えられる。風景構成法から出発した，その拡充法の一つとしての天象の描画と「天象から地象へ」という表象化の方法は，この方向性に沿って，現実の具体的把握の再生や図式性の回復，生へ向かう積極性の肯定を促し，さらには精神療法的接近の新しい契機を提起しうるだろう。

1. 方法と対象

　風景構成法の直後同時に実施した。ときには（風景構成法が導入できない時など），「枠づけ法 Framed Technique」を含めた「色彩分割法 Space Division and Coloring Method」の直後に行ったり，"木"を描いてもらったあとに実施したりした。一般的には次の手順に従う。
　すなわち，いつでも断る権利のあることをまず保証し，中井の挙げた風景構成法の10項目と付加が描き上がったところで，1枚の枠づけされた新しい画用紙を手渡し，「では，次は空を描いてみてください」「空の風景を描いてみて」あるいは「空をテーマにして何かこの紙の上に描いてください」，場合によっては「あなたの空を描いてみて」と告げる。描画ののち，さらにもう1枚の枠づけされた新しい画用紙を渡し，「次は星を描いてみてください」「星空の風景を描いてみて」あるいは「星をテーマにして何かこの紙の上に描いてください」，もしくは「あなたの星を描いてみて」と述べる。描き終わったらクレヨン（またはクレパスやパステル）のケースを開いて，「この3枚の絵のうちで，好きなものから順に色を塗って仕上げてみてください」と軽く彩色を促す。風景・空・星のどれをどれから塗るか，どこで次に進むか，前に戻って塗り加えることがあるか，などを観察する。カラーショックの強い場合や色に関してこだわりのある人の場合には中止を指示することもある。あるところでつかえて彩色が先へ進めない場合は，さりげなく次の絵を勧める。逆に治療者の方から促して風

景を彩色の最後にもってきて，いわば視点を「着地」させ，空想的な天象から「地についた」現実への回帰を以て終結する場合もある。

　完成の時点でその風景についての若干の問答を行ったのち，空と星の描画を取り上げ，「この空（星空）の季節はいつ頃？　天気は？　時刻は？」と空間に対する定位を促す。これは一種の"ウォーミングアップ"である。もし地象を描いていない場合には，「この空（星空）の下にはどんなものがあると思う？　どんな景色があると思う？」と，軽くイメージしてもらう。これが容易に浮かぶ時には，さらに地象の細部の表象化を試みる。また，どんな感じがするか，そこには人がいるか（つまり，人が表象できるか），あるいは，どれが描きやすいか，枠はあった方がよいか，疲れたか，などを聴くこともある。もし表象化に困難がある場合，不可能と訴えた場合は，話題を風景の描画に移行させる。"木"や"道"を新しい紙に描いてもらうこともある。これは，地上的現実への引き戻しである。また，枠づけされた空間への空（星）の描画のあとに，枠のない紙に空（星）を描いてもらうこともある。これは，「枠づけ枠なし法（枠づけ二技法）」（中井）による吟味である。

　本論は，K大およびK病院における症例に対する6年にわたる縦断的あるいは横断的実施の結果をまとめたものである。すでに風景構成法を何度か施行した例がほとんどである。疾患の範囲は，統合失調症性精神病のうち中井の定義した描画上のP型37例（男性29例・24～55歳・平均年齢35歳，女性8例・17～49歳・平均年齢39歳），H型39例（男性28例・18～53歳・平均年齢34歳，女性11例・17～45歳・平均年齢24歳）を中心にして非定型精神病14例（男性11例・21～49歳・平均年齢35歳，女性3例・17～47歳・平均年齢37歳），器質性精神障害（脳炎後遺症，頭部外傷後通過症候群，膠原病・甲状腺疾患などによる症状精神病，老年期精神病など）12例（男性7例・39～78歳・平均年齢63歳，女性5例・18～78歳・平均年齢45歳），気分障害17例（男性10例・30～60歳・平均年齢40歳，女性7例・18～58歳・平均年齢39歳），神経症24例（男性6例・17～50歳・平均年齢28歳，女性18例・16～47歳・平均年齢28歳），その他てんかん，嗜癖，境界例などにわたる。

2. 症　　例

症例A　臨界期に留まりながら時に短時間の幻覚妄想状態を呈し，徐々に寛解過程へと移行していった統合失調症性精神病症例の絵画療法における縦断的観察（第1章図2矢印参照）

初診時17歳の女性，喫茶店店員。小学校時代から対人関係の悩みや自己の不全感があった。約1年間の心理的ストレス（仕事上の人間関係におけるトラブルなど）の時期（前駆期）を経て不眠になる。

X年4月，喫茶店で同時に多数の人から注文を受けて直ちに困惑に陥り，妄想気分，感覚過敏，離人感に襲われ，突然「麻薬をうたれた」「殺される」と叫んで，某神経科を受診。さらに，妄想知覚，被害関係念慮などの症状発展を経て，1カ月後に受診した時には，当初より前頭部頭痛，微熱，月経不順，入眠困難，腹部膨満感，便秘下痢の交代などの身体的自律神経的動揺を呈していたことが聴取された。

これはすなわち，中井のいう統合失調症の本格的発展に先駆する非特異的な「発病時臨界期心身症候群（身体症状群）」，もしくはギゼラ・グロス Gross, G. の「前哨症候群 Vorpostensyndrome」とみなされる。この臨界期症状の直後，あるいはそれと一部重複して，中井，中安の報告した初期症状群，すなわち徴候的認知の前景化，漠然とした注察念慮，つつぬけ体験，孤立無援感，自生思考および思路の延長・分岐・加速化（何か言いかけるがうまく言葉では表現できず言おうとすると別のことが浮かんできて言えなくなる，考えが次々に浮かんでは消えて捉えどころがない，など），超覚醒，意識の注意度の変化，注意転導性の亢進，知覚過敏などが出現した。

やがて幻聴，被害関係念慮がひどくなり，同年6月には入院のやむなきに至った。その後もしかし，臨界期の身体症状は消失せず，自律神経系水準の不安定性が持続し，ときに短時間の変転する幻覚妄想体験を呈しつつ回復時臨界期へと徐々に移行，その後は挿間的に状況依存的な妄想世界の短期的再出現（微小再燃）をみつつも，おおむね訂正は可能であった。ただし，8カ月の入院期間中，知覚過敏，関係念慮，超覚醒感，さらに知覚変容感，離人症状，途絶などのより強度の低く持続性の大きい病的状態の消長がみられた。X+1年2

図2

図3

図4

図5

月，上記症状は臨界期症状も含めて消失して退院，以後は外来を受診しつつ，社会復帰の道程を歩みつつある．

　発病時臨界期（X年5月），風景構成法では，「川」の指示に対して海を描き，そのまま自由画へ移行した．海の上にカモメと雲のない空を描き，「カモメになって宙に舞い，海を見つめている感じ」を訴えた（図2）．しかも，一種の安定感をもって描けたのである．その後の描画では，宙に舞うカモメはやがて雲に変わったが，幻覚妄想など急性期の症状が隠顕する期間にも，彼女は"空"を描けた．このことは，筆者にとってきわめて大きな啓発的体験であった．この他に好きな絵をマンガ的に描くことはできた（図3）が，項目を指定すると，空白に象形文字のようなものを描き，それ以上描けなかった．

　入院後の6月には，背景と二重写しになった幽霊のような半透明の自画像を

図6　　　　　　　　　　　　　　図7

モノクロームで描いた。入院2カ月目の7月には自由画を描いた。スヌーピーや女の子の絵，クレパスの蓋の絵のなぞり絵などがあったが，風景画も一つあった。そこには無彩色の月と星が描かれており，"夜"の景色であった（図4）。"空"では雲の周りの空白も彩色し（図5），"星"では空間こそは塗らなかったが，星々は大きく生き生きとしたものであった（図6）。すなわち，この時期でさえ雲と星は描けたのである。

　入院第3月の8月になると，風景構成法が導入可能となった（図7）。彩色では「接触回避性 Kontaktscheu」（中井）が認められた。中景群は近景化し，大きな犬と花がみられる。川が一番手前で此岸はなく，田は直立していた。人には足がなく幽霊のようであるが，いわゆる stick person ではないことに注目したい。左上に太陽が付加されている。風景構成法の度を重ねるにつれ，やがて人は記号化を示し，家が宙に浮いたり，川や山や空などが塗られなくなった。空白が多いという不安定さが目立つようになる。太陽を自ら先んじて"付加"の前に描くことが多かったが，これは，クラウス・コンラート Conrad, K. の「コペルニクス的転回 kopernikanische Wendung」の描画水準の表現として宮本が提唱した「太陽体験」であり，両者相まって，この時期がとくに臨界性の顕著な時期であることを示唆している。この時期の"空"では雲が数を増していった（図8）。"星"では，夜空の右を黒，左を灰色に塗り分けた（図9）。経過とともに星は一つ一つ小さく散在型になり生気がなくなってゆく印象があった。

　9月になると，「色彩分割法」は無彩色のままであるが，これに反して星空が黒く塗り込められたことが注目される。そして，星々はますます小さく散在化

図8　　　　　　　　　　　　図9

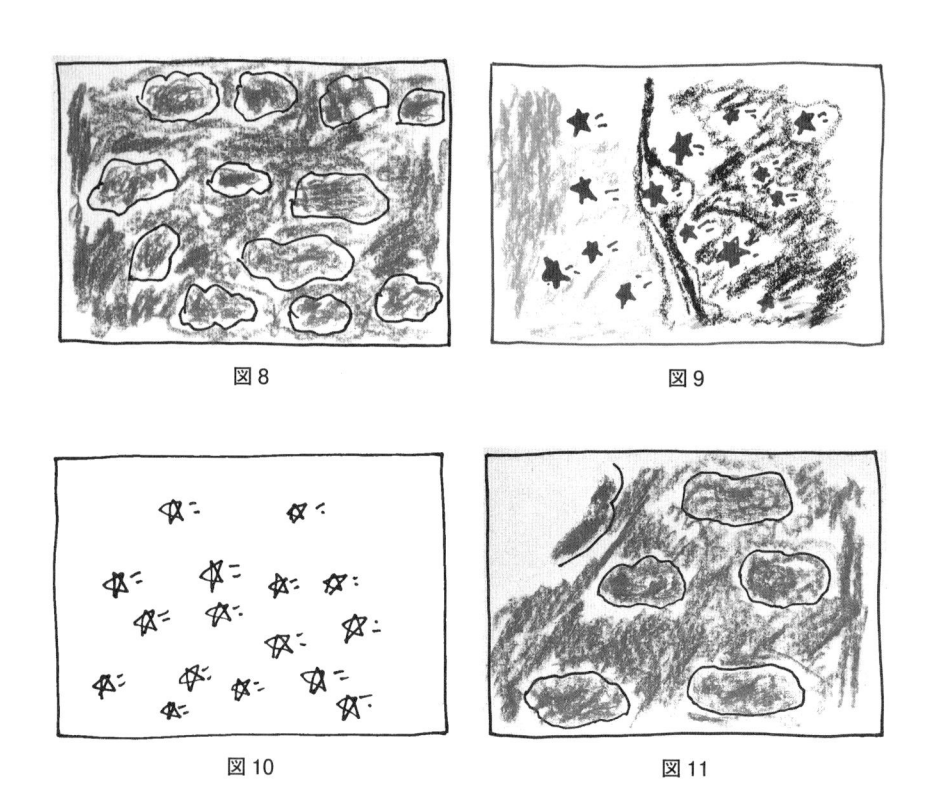

図10　　　　　　　　　　　　図11

していった。この時以降，"星"では空間を塗らなくなる（図10の形になる）。こうしたことは，ウジェーヌ・ミンコフスキー Minkowski, E. の「暗い空間 espace noir」の概念の描画表現であると考えられる。9月末には，"空"は左上が塗られず空白のまま空いてくる（図11）。10月にはその部分に太陽が一部顔を覗かせ（図12），11月には全体を表すようになる（図13）。風景構成法において，常に"付加"の段階以前に左上に太陽が描かれたのと対照的であった。正月の長期外泊前には，風景構成法においても再び空を塗るようになった。X＋1年1月，退院の話が出る。以後，風景構成法にて川（水）を再び塗るようになる。2月，空・星空の下の表象化を導入（空も星もその下には家が並んでいると述べた）。退院前日には"空"にて太陽が右上へ移動した（図14）が，3月以降は再び左上に戻った。"空"における太陽は微妙に位置を変え，風景構成

第3章 拡大風景構成法における天象・地象表現と精神的視野　51

図12

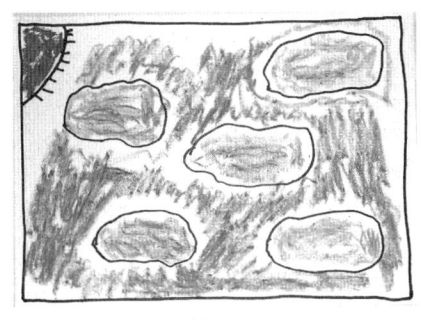

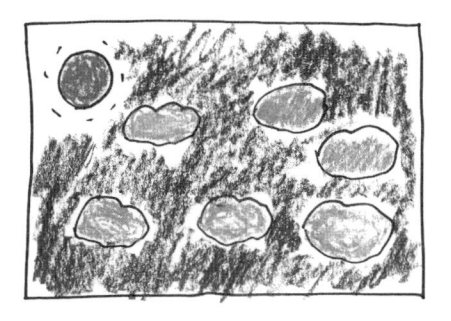

図13

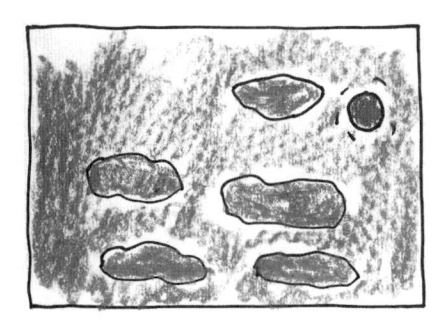

図14

法におけるよりは，その反応を鋭敏に表すように思われた。

　退院後も1〜2カ月に一度，風景構成法を中心にした絵画療法を行い経過を追った。X＋1，X＋2年は風景構成法において山が，描画の度に黄土色，こげ茶，灰緑など種々の色に目まぐるしく塗り替えられた。この期間は，鮮やかな緑色（緑や黄緑）ではないが，山の緑化を少しずつ繰り返した時期であり，彩色範囲は徐々に広がり，画面の空白は減少していった。この間に生活は徐々に拡大した。単純作業のアルバイトを種々試みたり，X＋2年の夏には，数カ月にわたりキャンプ地の民宿の世話をやりとおせた。仲間たちに支えられた体験を持てたことが大きく，少しずつ社会復帰への自信をつけていった。天象から地象への表象化は，"空"では海が，"星"では家が多かった。

　X＋1年11月の「道画法」（高江洲）では，川から出た道を描くも周りの花畑

図15

図16

図17

図18

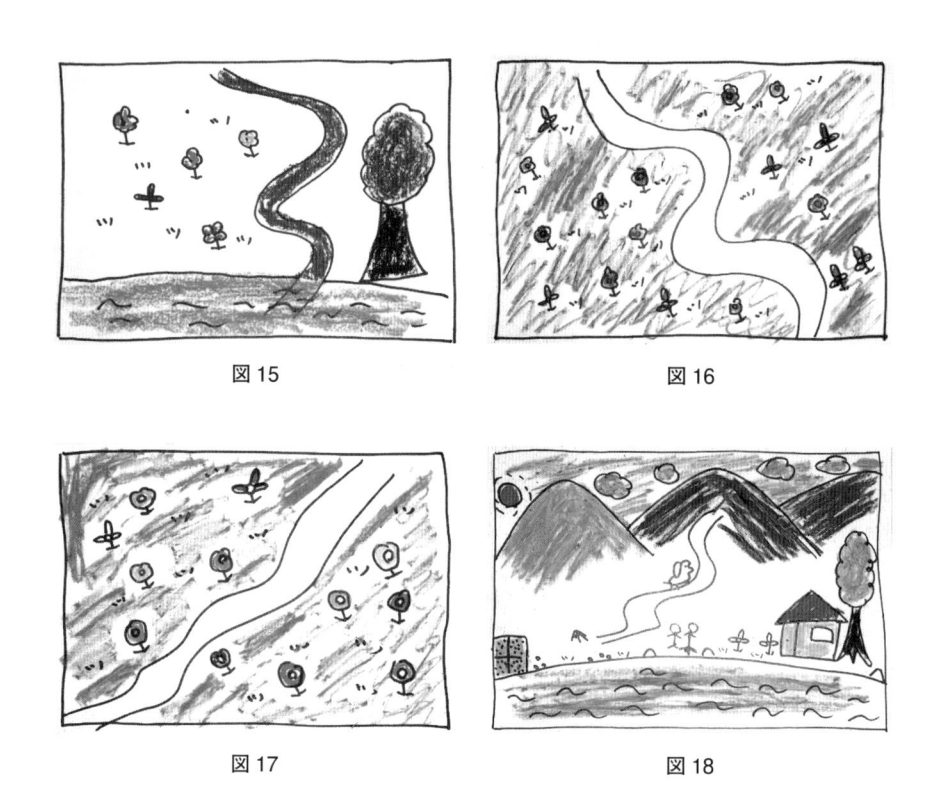

の空白は塗れなかった（図15）が，X＋2年6月には，同じ道画法にて花畑の空白が塗られるようになった（図16：道は右下から左上へ，図17：道は左下から右上へ）。X＋2年9月（前述の民宿のアルバイトが終わったのち）には，夢をしばらくみない日々が続いたあと，夜目覚めた時に夢うつつで目の前にクモの巣が張っているように見え夢中でそれを除こうとしたり，パッと目覚めたら窓ガラスに男の人が映っているように見えたりしたことが数回あった。こののちの10月には，空・星空の描画の際に，下の景色を表象化すると同時に実際に描くことを指示した。空の下に家を，星空の下に海を描き，夜空の空間を黒く塗った（X年9月以降初めて）。上空からそれらを眺めた感じを描こうとして，構図には空間の歪みが現出した（この時は風景が一番描きやすいと訴えた）。

　10月から翌X＋3年1月までは，家族と離れて友人とアパートに住むように

第3章 拡大風景構成法における天象・地象表現と精神的視野　53

図 19

図 20

図 21

図 22

なる。X＋3年1月，山は初めて鮮やかな（黄緑と緑の）緑化を示した（図18）。空・星の描画で，下の景色を実際に併せ描くように再び指示すると，"空"では太陽が消え，家とビルを描き（図19），"星"では山を描き，空間は同じく黒く塗り込めた（図20）。2月には，空・星空の描画において下の景色を表象化するのみに戻したが，彩色の段階では両者とも空間を塗り込めた（図21）（"空"では再び太陽が左上に現れた）。同年4月，空・星にて枠（＋）のあとに枠（－）を導入するも，その差はほとんどみられなかった。枠（－）では，彩色にて周りからあたかも枠を作るように塗ってゆく傾向がみられた。6月には，それまで全体を一つの形象として捉えようとしている様子で「浮かばない」と訴え続けていた「なぐり描き法 Scribble Technique」（マーガレット・ナウムブルグ Naumburg, M.）ができるようになり，枠（＋）で穴のあいた洞窟を，

枠（−）で雲（図22）を思い浮かべて塗った。

症例B　"器質性と機能性の狭間"で揺れながら臨界期症状を伴う前統合失調症状態を呈し，やがて神経症（強迫症）レベルへと回帰していった症例の絵画療法における縦断的観察

初診時17歳の女性，マンガ家志望の学生。小さい頃から強迫性格がみられた。器質性の要因（吸引分娩，ブランコによる頭部外傷，脳波異常，喘息発作，CTにて年齢の割にややatrophicな印象，風疹ウイルス抗体価の上昇など）も加わっている。初診時には臨界期の諸症状を顕し，統合失調症発病過程の可能性を窺わせた。言語を介した精神療法的な支持と絵画療法を続けてゆくうちに自主的な自由画創作を行うようになり，精神病的なレベルを脱し，再び"強迫"の鎧をまとう（たとえば，気に入った服のコーディネイトができないと何時間でも時間を費やし，その日は会社や病院に行けないというような）ようになるまでの経過である。表出する症状としては，不登校・自己不全感・自律神経症状（嘔吐・喘息など）・摂食障害・思路の障害・知覚変容感・離人症状などである。

小学校卒業までは親にマンガを禁止されていた。中学からマンガを見はじめ，自分で描くようになる。高校では親の意見に逆らってマンガ研究会に属し，主要なメンバーとして活躍した（高2〜）。彼女にとっては，それが心の拠り所であり，自らの存在の証であった。大学は某美術大学に行こうと思い，美術大学志望者のための塾（アトリエ）に通ったが，周りの小学校の時から美術大学を目指している人たちとの間に（デッサンなどの基礎力を含めた）あまりに力の差があることに愕然とし，やがて不登校に陥り，唯一の生きがいを失って受診となった。

初診時（Y年7月，高3），「登校時になると胃が痛くなったり下痢したりする。人込みのなかで目の前が真っ暗になって倒れる。頭が痛い。熱いのに寒くて汗が出る」などと訴える。睡眠障害，頭痛・寒気・冷汗・朝の腹痛・喘息発作などの自律神経系の不安定性・臨界期様症状，思路の加速・延長などがみられた。「空想したことと現実に起こったこととの区別がつかない」「考えがどんどん先へ進んでついてゆけない。考えがまとまらない。記憶が途切れる」などと訴える。24時間起きていたあと24時間寝続けたり，リストカットを試みたり，急にベランダから飛び降りようとしたりする。翌年の初めには，「頭のなか

第3章 拡大風景構成法における天象・地象表現と精神的視野　55

図23

図24

図25

図26

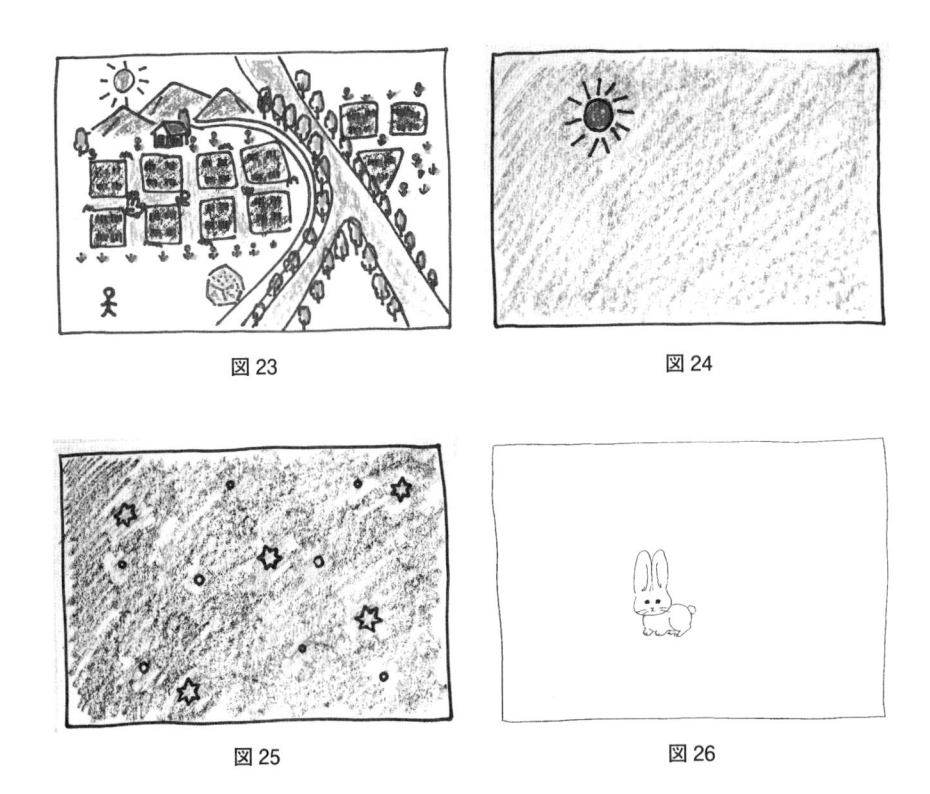

がぐちゃぐちゃになる。世界が歪んでみえる。平面のものが立体に見えたりする。ものの境がはっきり見えすぎる（超相貌化）」と訴える。外来における薬物療法や精神療法にて徐々に軽快の兆しがみられ，4月から高3への復帰を目指していたが，新しいクラスは担任が替わり，友人もいず，再び症状が激しくなり，自殺念慮・企図がみられたため，4月末，入院となる。

　Y＋1年5月，入院時の描画は，風景構成法において若干の視点のズレが見られた（図23：人は記号化 stick person している，動物はウサギが描かれている）。"空"は左上に太陽が描かれるも雲がなく（図24），"星"は散在型で滲むように黄色く塗った（図25）。どちらも宙に浮いた形の描画であるが，余白は全部塗られている。それから数日後の自由画では，女の子のマンガやウサギ（ウサギは患者の自己イメージでもある）（図26）などを描いた。臨界期の諸症

状は持続し，preschizophrenic な印象は未だ残ったままであったが，学校の出席日数の都合で両親が強く希望し，6月初め退院となった。この間，家から離れて生活を単純化しただけ，症状の訴えは幾分軽減し落ち着いていた。6月，外来にて「目の前がチカチカする」「壁のしみ・かど・きずが，ごく僅かの時間だが，ふっと気になる」（知覚変容感）「これ現実かな，と思ったりする。自分自身の存在感覚がない」（現実感喪失，離人症状）「ふわっと宙に浮いた感じ，身体が自分から離れてゆくような感じがする。真上から自分を見ているような感じだ」（身体離脱感）と述べたり，触覚の違和感・周りの音に敏感な感じ・考えがまとまらず頭のなかが騒がしい感じ・ざわざわする感じを訴えた。思考の途絶感もあり，自律神経系の不安定性も続いた。自殺念慮が再び起こり，「死ぬ」と言って家の2階から飛び降りたり，頭を壁にぶつけたり，自分で首を絞めたりするので，7月初め，第2回目の入院となる。

　Y＋1年7月，「前（Y年）はなかなか浮かばなかったが，今回はイメージがすっと浮かぶ」と「誘発線法 Elicitor Technique」（後藤，中井）が可能となった。7月半ばには，「非常に速く本を読める。どんどん頭のなかに入ってくる」など超覚醒感を訴える。「人の顔が重なって見えたり，歪んで見えたりする。相手の目が三つか四つになったり，右と左がずれて段違いに見える」などとも言う。7月末，母親の知り合いのデザイナーから，アシスタントに来ないかという話が入る。「自分で描くにはまだイメージが浮かばない」と言うも，「本を読みながら，そのキャラクターの顔が（マンガにするなら，こうだと）すぐ浮かんでくる」とも述べる（表象能力回復の兆し）。8月には，上記の超覚醒感・知覚変容感は一時的に増強することはあるも，おおむね消褪傾向を示す。時々，自ら絵を描くようになり，マンガ研究会の友人と本を作る話も出る。9月初めからは入院しつつ上記の会社へ出勤し，電話番・掃除・ファイルの整理などの仕事をするようになる。2回の入院を通じて，両親も（高校については）休学から退学の方向へと理解を示すようになり，事態は好転，9月末，退院となった。

　以後，外来にて経過を追った。会社では版下の仕事を任されるようになる。この間も少しずつ自らマンガを描いていた。Y＋2年1月にはグラフィックを手がけるようになり，「生きがい・存在感を持てる」と喜ぶも，会社の人間関係で揺れ動き，頭が冴えて眠れなくなることもあった。3月，正式に高校を退学したが，その後も「誰かが後ろにいるような気がする。頭と身体がバラバラになったような感じがする」「周りが怖い。何かが耳元で囁く感じがする」「霞が周り

第3章 拡大風景構成法における天象・地象表現と精神的視野　57

図27

図28

図29

を包んでいるみたい。影が見える。灰色に光ったものが見える」「自分の身体が自分でないような気がする」と訴え続けた。この時の風景構成法は強迫的な感じで線影が多く，整合性は保たれているものの彩色はみられなかった（図27：空，山の線影が印象的，川は分岐し中州には家がある，動物はネコが描かれた）。

　5月，絵画療法に課題画・項目画（たとえば，家と木と太陽（図28：淋しげな印象，木と一枚の葉，小さく遠い家，にじんだ太陽），宇宙を翔ける，森と湖，内と外など）を導入。淋しい印象を与える絵が多いが，隠されたメッセージを意図的に描き表せるようになってくる。また，マンガのキャラクターのいろいろな表情をたくさん描いて持ってきたりする（図29：いろいろな表情の女性たち，右上にウサギが描かれている）。この頃から，家では，のべ数百枚にわたるマンガの自由画創作を行うようになる。6,7月と項目画を続けたが，描く

図 30

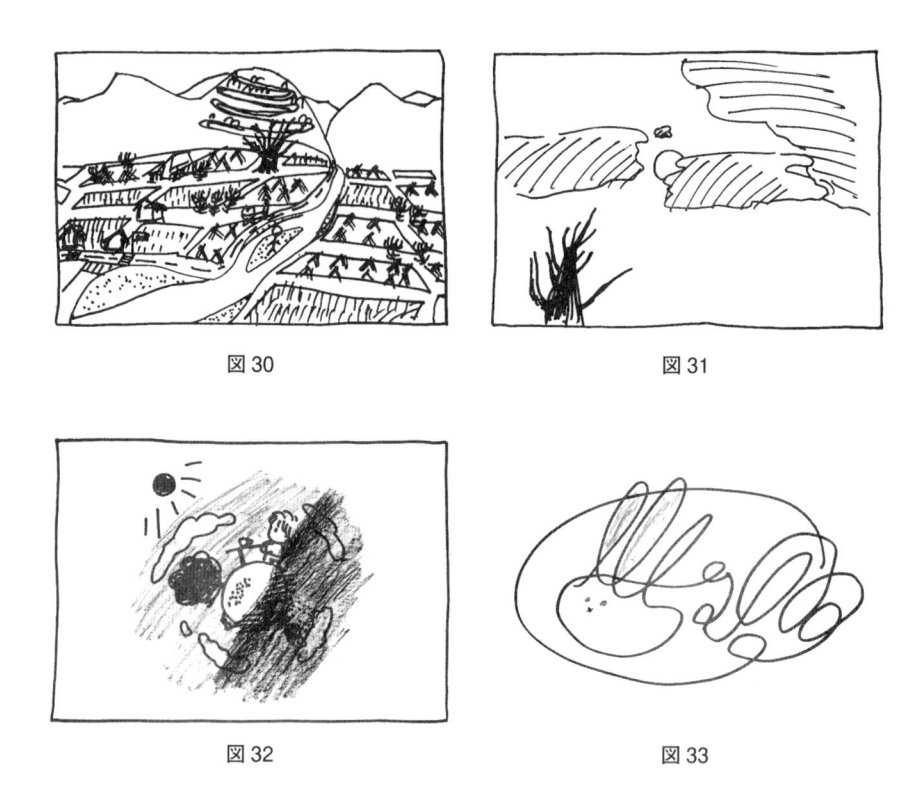

図 31

図 32

図 33

内容はよりメッセージ性の強いものになっていった。夏にかけては，友人と組んでマンガを作り，前年から計画していた本を完成するに至った。ポスターも作って，自ら積極的に書店を回り，販売の交渉もするようになる。エネルギーの戻ってきた感じを訴え，食欲もあり，頭の冴えも実感し，家人に対する客観的な批評の目も持てるようになってくる。

9月には家事もでき，生活の範囲が広がり，行動内容も充実してきたが，思路の分岐・加速化，超覚醒感に伴う考想の自己所属感の希薄化，視野周辺の移動物幻視や離人感などは時々認められた。11月に描いた風景構成法は整合性が保たれ，視点のズレはない（図30）。やはり強迫的な印象を与える描き方で，彩色はせず，人は小さな中州に描かれ，まだ記号化したまま（stick person）であった。川を隔てて人の向こうにネコが描かれている。山の上に続く道，その

第3章 拡大風景構成法における天象・地象表現と精神的視野　59

　　　図34　　　　　　　　　　　　　図35

　手前の太く大きく描かれた木が特徴的である。"空"では，視点を地面にとって，そこから上を見上げている絵を描く（図31）。画面の左に，構図に合わせた遠近にて木を添え，しっかり地面に根差した感のある絵であった（視点の転回）。"星"では，一つの星を画面の中心に大きく描き（図32），その星の上（表面）に女の子を描いた（その女の子は「地について」いる）。「星の王子さまから連想したもので，地球の上の女の子を描いた」と言語的な説明も行う。空・星の描画は両者とも地面との関係が描かれており，その形式は大幅に変化しているといえる。
　Y＋2年12月の「なぐり描き法」では，枠（＋）にて人の顔，枠（－）にてウサギ（図33）を描く。"木"を描いた際も擬人的（人の顔のような木）に表現した。テーマがある方が投影よりも描きやすいという。「描いているうちにストーリーもできるようになった」と述べる。版下をしていた会社はその後辞めていたが，某情報誌のアルバイトに応募したところ採用され，レイアウトを任され，さらに夢に一歩近づいた形になった。12月末には「誘発線法」もすらすらと描け，母も「話題が多くなった。ちゃんと頭で考えて話をしている」と報告した。Y＋3年2月には，その情報誌にストーリーマンガを描いたり，あるページにイラストを描いたりするようになる。3月に行った風景構成法では，やはり彩色はしていないが，人は手前に描かれ，記号化はなくなっている（図34）。"空"では，飛行機で雲の上を飛ぶパイロットを描く（図35）。太陽と月，昼と夜の世界を一つの画面に描き込んでいる。"星"では，いくつか星を描き，そのうちの二つに小さな子どもがいて宇宙を見ている絵を描く（図36）。

図36

図37

図38

図39

　いずれもテーマをきちんと定め，それに具体的に関わった形の絵であった。その後数年の経過のなかで，空の風景は，より色彩で重厚みを帯びた実写的なもの（図37）に，星空の風景は，より宇宙的空想的かつ具象的な色彩鮮やかなもの（図38，39）へと変わっていった。

3. 結　　果

　症例に即した詳しい報告は以上に留めるが，以下に本法を実施した症例群についての全体的な総括を行う（表2）。
　統合失調症患者では空・星はほぼ全例で描け，しかも，総じて疲れや不快感

第3章 拡大風景構成法における天象・地象表現と精神的視野　61

表2　"空"と"星"：種々の症例における結果のまとめ

疾患群	"空" 構図 (%) 上下関係が画面から窺える 画面一杯に描く, 具体的飛行物(飛行機, 気球など)を加えたり, 上方に雲を描いて下の景色を描いたりする	構図 (%) 上下関係が画面から窺える 下方を白にしたり, 上方に雲を描いてめたりする	窺えない 雲を散在化させる, 空全体に雲を描いて描く	天象の空間を塗る割合 (%)	全視野に対する天象の平均比率(全視野を1として)	"星" 構図 (%) 上下関係が画面から窺える 画面一杯に描く, 具体的事物を加えたりする	構図 (%) 上下関係が画面から窺える 下方を白にしたり, 上方に星を散りばめて描いたりする	窺えない 紙面全体を宇宙空間として描いたり, 星を散在化させたり, 宇宙に浮いているように描いたりする	星の型 (%) 具体的な星	星の型 (%) 抽象的だが生きいきと描かれた星(もしくは奇妙な色の星)	星の型 (%) 抽象化され散在された一つ一つの星に生きとした生命性はあまり感じられない	天象の空間を塗る割合 (%)	全視野に対する天象の平均比率(全視野を1として)
統合失調症 描画上のP型≒妄想型	41	32	27	41	0.71	9	46	45	24	41	35	22	0.75
統合失調症 描画上のH型≒非妄想型	19	19	62	76	0.84	9	29	62	9	26	65	47	0.83
非定型精神病	64	14	22	79	0.77	25	42	33	42	33	25	50	0.72
器質性精神障害	55	36	9	91	0.56	9	55	36	9	64	27	36	0.69
気分障害 躁状態	38	50	12	25	0.64	12	50	38	12	25	63	12	0.71
気分障害 うつ状態	33	22	45	88	0.77	11	56	33	22	33	45	33	0.73
神経症	44	28	28	71	0.83	28	36	36	50	32	18	23	0.77

を訴えなかった。そのうち中井の定義した描画上のP型を示す症例の"空"は，H型の場合に比べて，上下関係が画面から窺えることが多い。構図や色合いが奇妙な空（ピンク・黄色・黄緑など雲の異色性を示すこともある）を描いたり，彩色ではべったりと塗られることも多くみられる（それが生き生きと感じられることもある）。具体的事物を加えたり，自ら下にあるものをイメージして描き入れたりすることがH型よりも多い。下の景色の表象化では，草原，海，田舎，何もない広場などがみられた。"星"は，奇妙な星・幾何学的抽象的な星（色合いも抽象的で，朱・紫・灰色などに塗ることがある）が多いが，それらは生命力が溢れている感じを与えることがしばしばである（宇宙空間を舞う太陽などを描くこともある）。また，H型よりは具体的な絵を描く傾向にある。星空の下の表象化では，家，野原，街，建物，海などがみられた（"空"におけるよりも都会的なものが表象された）。

描画上H型を示す症例の"空"は，雲がまるで空の裂け目を被っているかのような印象を与え，散在型のものが多かった。P型に比べ「風景よりも空や星が描きやすい」と訴える傾向が強い。これは，具体的な像を表象化して描く能力が背景に退いていることを表していると考えられる。簡単な幾何学的抽象化によって散在型に描ける空や星の方が楽なのであろう。天象から地象への表象化では，田園風景，花畑，芝生，山小屋，湖，農家など「のどかな感じ」を主体としたものが多かった。"星"では，小さく幾何学的な散在型の星を多数描くことが多い。視点は宙にあり，一つ一つの星のエネルギーはあまり感じられない。塗り方も淡く，それによって抽象的な感じが強められる。星空の下の表象化では，住宅街，都会，仕事場，団地，高層ビル，ネオン街，暖炉のある家，川の土手など，P型と同じく都会的なものが表象される傾向にあった[注3]。

P型・H型の差は全視野に対する天象の平均比率にも現れており，風景構成法における場合と同じく（表1），P型はH型に比べて天の比率が少ない（空が狭い）傾向にある。天象の空間を塗る割合もP型の方が少ない。また，P型・

注3）風景構成法で構成放棄を示し，「形を生み出すのに時間がかかる」と言って構図と彩色に1時間以上かかった例でも，空や星の描画では，「イメージが浮かびやすい」と言って5分で描いた。抽象化してしまうことで，形象を生み出す力を楽にしているのではないだろうか（風景では全体的な抽象化はなかなかできにくいから）。また，構成放棄の例では，紙面の一部に小ぢんまりと下の景色をも含めた空や星を描く（紙全体を使えない）ことが多いが，このことは，構成放棄の状態がある種のまとまりを得た安定化した状態であることを示しているのだろう。

H型に共通していえることは，経過による変化もみられるということである。すなわち，画面に上下関係をつけたり，地面との関係づけができたり，天象の空間を塗れるようになること，下の景色をイメージできるようになること（そこに人を思い描けるようになることも含めて），それぞれの星を種々の色に塗り分けられることなどは，回復へ向けての経過の推移を表しているとともに，寛解への指標であると考えられる。ただし，星そのものの型・形式にはむしろ経過による変化があまり認められず，その人固有の何ものか（生命的なエネルギー，あるいは現実適応力，社会適応性など）を示しているのだろう[注4]。これより先の非定型精神病の図などについては，第6章4. 図2－図11を参照願いたい。

 非定型精神病の"空"は，下の風景も含めた現実的な絵を描くことが多い。気球，風船，飛行機，鳥など具体的な事物を添えたりもする。"星"も現実的具体的（土星を描いたり，UFOを加えたり，下方に木や景色を加えたりなど，具体的な事物を付加して具象性に富んだものを描く）である。空間の彩色は異色性が認められることがある。天象から地象への表象化は豊富で，その描写の言語化もまたよくできる。

 器質性精神障害の場合，"空"では視野が下に開けており，下方をあけて上に詰めて描いたり，具体的な事物を付加して描いたりする。天象の空間を塗る割合は高いが，全視野に対する天象の平均比率は低い。"星"は抽象的な数個の星を比較的大きく（生き生きとした感じを与えることがある）描くことが多い。下の景色の表象化は比較的容易にできる。風景の方が描きやすいという例が多い。

 気分障害の人の描く"空"は重力の方向性が画面に感じられ，躁状態では雲を上方に詰めて描くことが多く，逆にうつ状態では視点が宙に浮いているように描くことが多い。躁状態とうつ状態では視点の差がある（表1）ためか，天象部分の空間を塗る割合や全視野に対する天象の平均比率に差がみられている。"星"では，躁状態うつ状態での際立った差はとくに認められず，生き生きとした感じが少なく，抽象性を帯びたものが多い。下の景色の表象化は容易にできる。風景よりも空・星が描きやすいと訴える人が多い。

 神経症の人の描く"空"は，現実的な絵が多く，非常に具象性に富み，陰影

注4）空・星にて具体的な形象化ができずに，たとえば色のみで空や夜空を表現したりする場合（金色の光一面とか闇の真っ黒とか）はある種の危険信号（自殺念慮など）の時がある。それよりはまだ「できない」と訴える方がよい。

づけや混色を行う。言語表現も盛んである。"星"も空と同じで，具体的な星を描くことが多い。空白を塗る・塗らないは，むしろ図像上の効果をみて決めているようにみえる。構図や形式よりは表現内容が重要であろう。

4. 考　察

a. "空"の意味するもの，"星"の意味するもの，"天象から地象への表象化"の意味するもの

"空"と"星"は，あらかじめ描いた風景といかに関連させて上方の世界を描くかによって，いくつかの類型に分けられる（図40）。まず"空"については，風景から視点を上へ移す際に，ⅰ）連続的に上へ移すか（その度合いによって(1), (2), (3)に分けられる），ⅱ）それとも一気に飛躍して宙に浮いた形になる(4)かが大きなポイントになる（さらに雲を描く場合と描かない場合，その数が多く散在している場合と数個が描かれる場合などの区別ができる）。"星"については，空を描いたのちに星空を促すことにより，ⅰ）空気の透明化を通して，(1), (2)が(5)へ，(3)が(6)へ，(4)が(7)（多数散在して描く散在型と呼べるもの）へ，それぞれ分類される。ⅱ）あるいは，空とは関係なしに，数個の抽象化したもの(8)，もしくは具象化したもの（月とか土星とか太陽とか）(9)が描かれることもある。空と星の描画は表象化を介した心のなかの昼の世界（空）と夜の世界（夜空）の対比であり，しかも，それらの空間は，前者では太陽（描く場合でも描かない場合でも），後者では星という光・生命性に見守られている。

"空"は無・空・静なるものであり，描く人のもつ"心のカンヴァス"である。筆者の施行した例においては安全であり，侵襲性はほとんどないといってよかった。とくに雲は安全で，安心や寛ぎを意味するようである。ふわふわとした心なごませるものであり，急性期でも抵抗なく描けることが多い。また，雲は心の裂け目を覆う柔らかいものとしてのイメージがあるのかもしれない（そういう場合には，それらを描くという行為自体が治療的になりうるだろう）。"星"は輝く・明るい・生きるというイメージを与え，心のなかに残っている生命力の象徴であり，生きてゆくエネルギーを具現化させたものといえる。描くこと自体で自己の生命性を感じうる場合には，治療的であるだろう。散在型の

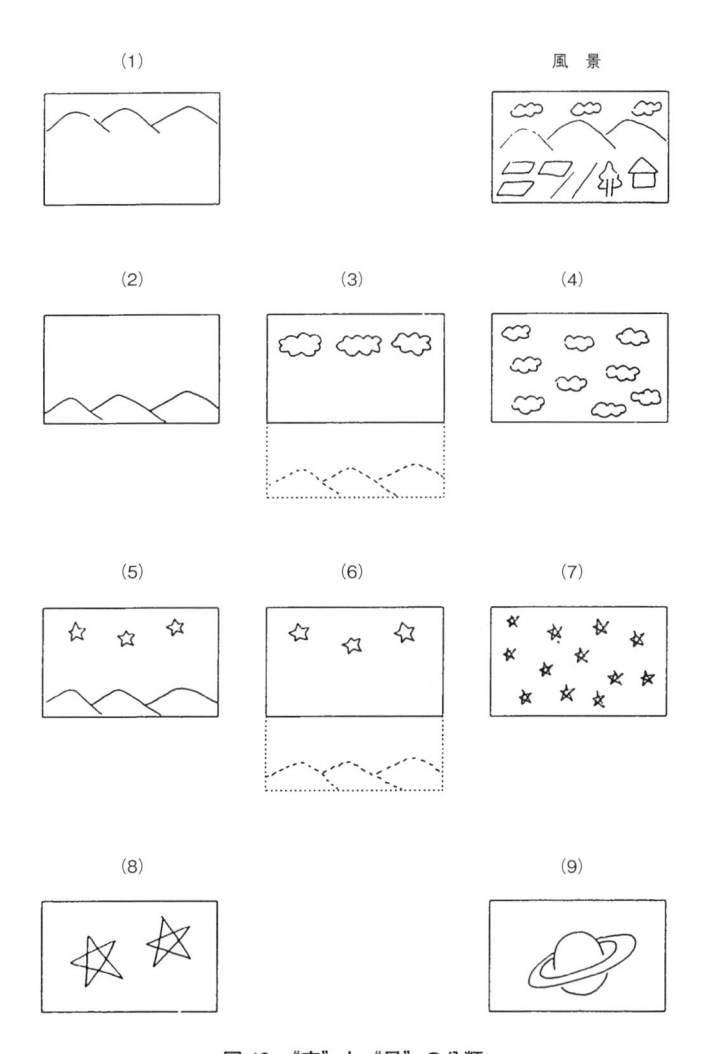

第3章 拡大風景構成法における天象・地象表現と精神的視野　65

図40　"空"と"星"の分類

星は，エネルギーの枯渇や無意識の散在を示しているようにみえる。

　雲や星を上方に詰めて描く場合，統合失調症圏以外の例では，「下にもっと何か描くのかと思った」という配慮がみられてのことが多かった。統合失調症圏の人では，かなり回復した際に，ようやくこうした配慮がみられるようである。枠（+）の次に枠（−）を導入した時に雲の形が枠（−）にてやや"ある形象"を帯びる（たとえば人の形とか）ことがあるが，一般には空と星の描画は枠の有無であまり変化を示さない。心のなかにある空や星は"変化"を連想させず，徴候性を帯びた空間のなかにいる統合失調症の人にとっては，より安全な，心なごむものなのだろう。描くパターンが経過によって大幅に変化することも，あまりみられない。それゆえ，症例Bのように描くパターンに変化がみられた場合は重要な意味をもってくる。このことは，空・星には状況依存性があまり認められないということを示している。

　統合失調症患者は状況の変動を乗り越えて自我の一貫性を維持することができない。この状況依存性こそが統合失調症絵画の最も包括的な特徴であることを考え併せると，"空"や"星"の描画のなかに描かれる世界は枠にも状況にもあまり影響を受けない世界であり，イメージの暴走を抑え，やさしくパッケージする力を内包しており，より根源的なエネルギーに根差していると思われる。急性期でも描きうるのは，このためかもしれない。

　天象から地象への表象化は，空・星という"つり天井"（ある種の枠）を有していることで三次元的な舞台（安全弁）をもっているといえる。「壺イメージ療法」（田嶌）と相通じるものがある。半開放の枠づけであり，壺の出口のより広がった段階であると考えられる。また，今回提起したこれら一連の手法は，"風景"が中心にあって，そこからの拡大であり，いつでも元の風景に戻ることが保証されているという意味で，風景構成法の閉じた世界を「半開放」したものともいえる。

b. 表象機能について

　表象化能力は，抽象的なものよりも具象的なものを思い描く際に，よりエネルギーを消費すると思われる。具象的なものの方が個々のdetailsをより多く検索しなければならず，個々の具象物の間の関連性も正確に思い描かなければならないからである。統合失調症の人が「風景よりも空・星の方が描きやすい」と訴える場合には，健全な具象化に費やされるほど表象化のエネルギーがない

ことを示唆していると考えられる[注5]。H型の特徴ともいえる雲や星の散在型は具象性に結びつかない記号化・図形化であり，それに要する表象機能のエネルギーは比較的少なくてすむだろう。

　統合失調症圏以外の人びと，とくに器質性の人びとは，空・星よりも風景の方が描きやすいという傾向が強い。彼らは，具象的な風景のあとに空や星を描くことを提示されると，まず具象的に描けないかと考えるのかもしれない。空や星が描きにくいということは，たとえその結果が散在型の記号化した雲や星であったとしても，具象的に描こうと試みてdetailsを追いかけた場合に起こりうるだろう。その場合には一つ一つ項目を与えられる方が何もない空間にテーマだけを与えられるよりは描きやすいと思われる。統合失調症圏の人びとは適切な表象化を経ずに容易に抽象化を行ってしまうので，一つ一つ具体的な項目が提示されたのちにその形象を表象して描き込んでゆくよりは，具象性をとばしていきなり抽象的なものを描く方が描きやすいのであろう[注6]。

　われわれが心のなかのイメージを思考過程にまで昇らせ，それを他者に伝達する際，一般にどのような経路を辿ると考えられるだろうか。風景を描く場合でも，空・星を描く場合でも，具象化抽象化する過程には表象化が介在している。こうした表象機能の各段階を，心に浮かんだものを描画として表現する過程と照合して一つの模式にまとめてみると，次のような流れが浮かんでくる（図41）。まず，"原初のイメージ（原点にある心像）"は，感覚系（五感）のどれか一つ，あるいは複数個（その場合一つは優位感覚，残りは副次的な感覚となる）の感覚像（一般には視覚像が中心となることが多い）として抽出され，抽出されたそれぞれのものは関連づけを受けてイメージの一つの流れとして整合性を保ちながら一つの文脈を形成し，一つの世界として思い浮かべられる。そして，その浮かんだ世界を各感覚系のなかに再要素化し出力系を通じて外界に射出して他者の感覚系に訴えかけることで情報を伝達するのである。

　ここで，原点にある心像が特定の感覚系により感覚像として切り取られる過

注5）風景は現実の今見ている世界と繋がっており，そこにはきわめて多様な観念や表象が渦巻いているが，それに対して空や星は，より非現実性・神秘性が強く，抽象的でdetailsに乏しい。

注6）ある種の抽象的幾何学的思考過程は，統合失調症の人においては日常でも比較的楽に行えると考えられる。それは，彼らがオセロや将棋や碁や麻雀において，その能力が比較的おちないことと関係しているかもしれない。

```
原初のイメージ        一次性              二次性           それぞれ抽出された
原点にある心像  →→→ 表象化 →→ 感覚像として抽出 →→ 表象化  →→ ものが関連付けされ、
                                              (関連表象)      一つの流れ、一つの
                                                             世界として浮かび上
                          言語化    抽象化                    がる
                                  記号化
        一次性
        二次性                              二次性
        表象化不全                言語(単語・文節) →→ 表象化 →→ 文章化・物語化
                                                 (関連表象)

                                  〈洗練されたシンタキシックな
                                    関連づけ過程〉
                二次性
                表象化不全

                種々の感覚像が多重の   連合弛緩      言葉を結びつけて
                (多くは相矛盾する)   言葉のサラダ    事態をうまく
                意味をもって(パラタ                文章化できない
                キシックに)押し寄せ
                てくる

原点の心像自体が   事態を伝える言葉自体が              不気味な外界、
意味づけなしに    存在しない                        調律不能な内界が
(プロトタキシッ   または見つからない                  浮かび上がる
クに)押し寄せて   見つけることができない               自我の崩壊の予感
くる           観念のざわめきのみが漂う
```

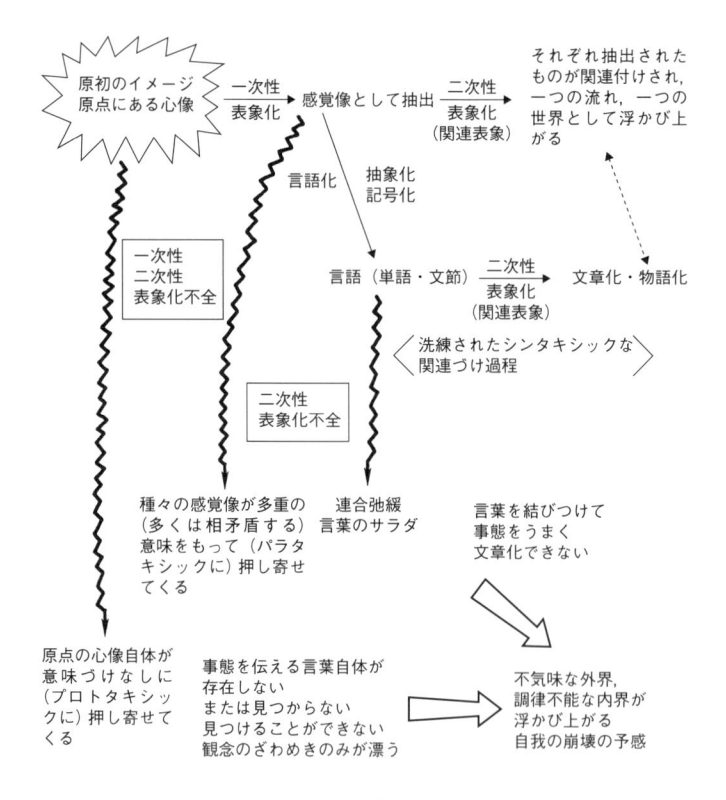

図41　表象機能と妄想気分

程を"一次性表象化"と，切り取られたそれぞれの感覚像が一つの文脈として結び合わされ関連づけされる過程を"二次性表象化（関連表象）"と名付けたい。言語は，切り取られたイメージの感覚像をその言語特有のある法則に従って抽象化記号化したものであり，感覚像のdetailsを削り取っているがゆえに，いろいろな人に共通に伝達できるものになっているといえる。人は，自己の思考や他者へのメッセージ伝播を簡略化するために，具体的な事態を抽象的な言葉に換算して情報を伝達するのであるが，ここにも上と同じ表象化の過程が働いていると考えられる。単語・文節の組み合わせから文章へ，その過程にも関連表象は働く。すなわち，イメージの伝達の直接侵襲性を防ぐために言語化が行われるといえるのである。それを"言語によるコーティングcoating"と呼ぶことにする。この場合，むろん直接に心像が伝わらないので，抽象的な言語か

第3章　拡大風景構成法における天象・地象表現と精神的視野　　69

ら具象的な心像を再構築するには，一種の中間段階・間・余裕が必要となってくる（イメージの間接化が起こる）。

　上述の過程で，二次性の表象化がうまく行われない事態が生じると，ハリー・スタック・サリヴァン Sullivan, H. S. のいう洗練されたシンタキシック syntaxic な関連づけ過程 referential processes が崩れ，種々の感覚的刺激がパラタキシック parataxic に心のなかに押し寄せてくることになる。言語の上では，言葉を結びつけて事態をうまく文章化できない状態，すなわち，連合弛緩や言葉のサラダといわれる状態が起こりうる[注7]。さらに，それに一次性の表象化不全が加わると，意味づけなしに原点にある心像それ自体が直接に特定の感覚系を介さずにプロトタキシック prototaxic に押し寄せてくることになる。それは言語の上では，事態を伝える言葉自体が存在しない，または見つけることができない，観念のざわめきのみが漂う状態となる。こういう状態では，浮かんだ言葉は具象的な像を語らず，抽象性のみを帯びた記号化したものと化す。言葉を聴いても，その視覚的なイメージが浮かばず，あたかも突如盲目になったかのごとく，突然，表象機能が崩れ麻痺した世界へ紛れ込むのである[注8]。その結果，不気味な外界・調律不能な内界が浮かび上がり，自我の崩壊が予感されることになる。この事態が「妄想気分」を表しているといえるだろう。

　図式的認知は徴候的認知に比べ，関連表象の影響をより多く受ける。われわれは記憶に沿って，個々の事態の関連性についての筋道をたてるわけであるが，

注7）描画（たとえば本法のような）の上では，関連がうまくつけられない状態が起こり，場合によって，以下のような種々の事態が現出するだろう。ⅰ）視点が宙に浮いて定位できない，すなわち，風景との繋がりがもてなかったり，上下関係がつけられなかったり，地面との関連がつけられなかったりする。ⅱ）与えられた具体的な項目は思い浮かべられても，その項目間の関連を思い描けない。ⅲ）空間のなかに存在する有形のものを描くだけで，残った空白部分への進出（その空間自体を塗りつくすなど）ができない。ⅳ）それまで描いたものと関連させて新しい項目を創造してゆくということができず，関連性のない奇妙なものを描いたり，場違いな抽象化（風景のなかにみられる記号化された人間など）が起こったりする。

注8）描画の上では，そもそも何も描けないという状態が起こりうる。あるいは，与えられた具体的な項目を思い浮かべられず，項目を指定すると空白に象形文字のようなものを描き，それ以上描けず，空白のみが画面に漂う事態になる。表象機能がまばらに残存している場合には，いつも描いている好きな絵をマンガ的に描いたり，なぞり絵・ぬり絵を行ったり，簡単な図形的記号的なもの（安心や寛ぎを与える雲なども含めて）を描いたりはできるだろう。

積分回路としての図式的認知においては，こうした記憶との検証過程（記憶表象）が，微分回路としての徴候的認知におけるよりも長期に及ぶからである。一方，関連表象が徴候的認知に作用するのは，得られた入力・情報を何かの一事態へ意味づけするということにおいてである。そこで，関連表象が歪み，背景化したり，あるいは不全状態に陥ったりすると，図式的認知が背景化して徴候的認知が突出してくる。そこでは事態の変化のみが追われ，"ある意味"をもって認知されるが，その意味内容は，あとで付随されてゆく（たとえば妄想として）。ここにおいて，幻聴や妄想は，原初のイメージのもつ直接性・直接侵襲性を間接化する"膜"としての絶望的な言語のコーティングとして解釈できることになる。妄想化は，記号性・抽象性をもった"妄想言語"を導き出して意味づけする（間接化する）一種の言語による強引な統合形成の過程であるといえる。しかもそれは，つぎはぎされた多重意味空間内でのことである。それを行うための言語性表象化のエネルギーが維持され続けられる状態が，描画上のP型であるといえるのかもしれない。

c. "表象化なき抽象化"としての統合失調症

上述したような関連表象がうまく働かない状態では，自らの陥っている"存在崩壊"の事態を何とか説明しようにも，それまで使ってきた正常な世界の言語では，もはやうまく事態を表現することができない。言語体系は解体しはじめ，切れ切れになった表現を通じてのみ，患者は必死に自らの状態を説明しようとする。ときには涙ながらに絶叫して。そこには，論理の枠を踏み越えて切実な存在の哀しみだけを伝える無調律な言葉の羅列だけが響いている。

**症例C　主として離人症状を訴えるに留まっている前統合失調症状態の
21歳の男性**

「以前は，"もの"を見ても，ほんとうの心の芯に入ってきて，うれしかった。今は，根本的に"もの"と繋がらないのが苦しい。これが自分だというエネルギーが湧いてこない。心からこれがオレのものだといえる"もの"がない」「根本的に最後のところで"もの"と繋がることが大切なのに……そこに自分の存在を求められるのに……周りの"もの"が変わって……その時，一つの"もの"の存在も助けてくれたように思える」「自分が人と繋がるレベルで存在していない。自分の言葉として何かを考えることができない。ほんとうに人と話したい

……自分の言葉で話したい」「感情が自分と繋がっていない。自分の感情が自分に辿り着けない」。"もの"との繋がりの感覚が崩れ去り、周りとの関連性の上に成立していた自己意識が今にも崩壊せんとしていると考えられる。

　なんとかそこに解釈を与え"安らぎ"を求めようとしても、正常な世界の言語構造で育まれ系統化されてきた"思考"の世界は混乱しており、筋道をうまく繋ぎ合わせることができない。観念のざわめきだけが渦巻き湧き上がり飛び交う。外界の情報も、うまく意味づけし処理することができず、注察念慮や自生思考や感覚過敏が押し寄せてくる。

症例D　前統合失調症状態の18歳の女性
　「人のウラ・オモテ、あるのか、ないのかわからなくて……いろいろなことがワーと出てきて、過去を振り返って、何かあると思って、振り返ったらすごく出てきて……人と話してたらワーワー出てきて……考えないと、自分がなくなりそうだから……なにか思い切り叫びたくて……考えのなかにやさしい人が出てきて……自分もなれると思って……自分の考えで人を動かしたらいけないと思って……急に変われば、それが私なのだから、みんな悩んでいるのだと思って……私の中身を見せたいと思って……私は見てきちゃったから、どうすることもできなくて……すべての人を見てきちゃったというか、全部見てきてしまったと、そういうふうになったから、あとは誰かが救ってくれないと、どうすることもできない」。

　このような安らぎと安定を必死に希求している状態のもとでは、内的世界の崩れかかった思考や認知の網の目にかろうじて引っ掛かりうるものは、単純で明快な"ことば"だけなのかもしれない。それが、煮えたぎり湧きかえった"ことば"のプールからの観念の乱舞にしろ、他者からの言葉にしろ。「愛している」とか「大丈夫」とか「殺してやる」とか「あいつだ」とか……。襲いくる原初のイメージは説明理解を越えたものであり、事態は未曾有で、その人にとっては、恐怖あるいはそれ以上のものを巻き起こしているからこそ、多くの場合、その"ことば"は被害的な、主としてわるい事態に関したものになりやすい。こうして、言語性幻聴や被害妄想・関係妄想は形造られ、その人は、かろうじて事態に飲み込まれない客観性を以て、距離をおいて世界をみることが

できるようになる。

　したがって，この時期における精神療法とは，心許せる親しい人がじっと傍にいてあげることであったり，周りの人のやさしい頷きであったり，あるいは崩れかけた言語構造や思考の網の目にかろうじて引っ掛かるような単純な低いトーンの"ことば"の投げかけであったりするのだろう。そこでは，イメージもまた大きな力をもつ。原初のイメージのその強烈な直接性に相対し，それをやさしく包み返すようなものであれば。意味を押しつけず思考の網の目自体をやさしく覆い包むようなものであれば。たとえば，やさしい静かなメロディーとか，空や雲のほんのりとした描画とか，星の輝きとか……。

　急性統合失調症状態では，二次性表象化のみならず一次性の表象化までが冒されている場合もあるだろう。一般的には絵（とくに項目画や具象性に富んだ絵）は描けない。まばらにしろまだ表象機能が残存している場合には，その人がよく描いていたマンガとか，なぞり絵・ぬり絵などが，かろうじてできる状態となる。空や星も，たとえ描けても抽象的記号的な形になりやすい。上下関係を念頭におけず，宙に浮いた形で下の景色や大地を描かないことが多い[注9]。また，空白（空間）を塗らないことも多い。このことは，急性期の陽性症状の頻繁な折りに，風景構成法にて空白が多くみられることと関係しているだろう。空白を埋められないということは，間を活かせないということ，すなわち，関連の表象の問題でもある。空や星にて空間を塗れるようになることは"間"や"関連"を表象できることを示しており，個々の項目の関連性を考えはじめているということ，すなわち，関連表象の再機能化を意味していることになる。

　雲や星の散在化の事態（とくに空間を塗らない場合）は，具象性に結びつかない記号化・図形化・抽象化を表しているともいえる。表象機能の不全状態では，全体的な傾向はエネルギーが少なくてすむ抽象化へ傾く。具象性の混乱による相対的な抽象化前景状態である。そこでは表象化の制御ができず，具象性をもたらすだけの表象化エネルギーが認められない。現実をみる際にもdetailsの裏打ちのない歪んだ世界が現出する。P型では，それを強引に統合し多重意味空間を構成する。H型では，それを補正するために遠景化したり色彩距離効

───────

　注9）このことは，急性期，風景構成法において大地をまったく欠くこととも関係しているかもしれない。急性期における風景構成法の空間は大地をまったく欠いており，霧の上にわずかに頭を出している山頂のように，項目（象形文字のような形象のことが多い）が過剰な白さ（空白）のなかに散らばっている（第2章図3参照）。

果をなくしたり構成放棄したりする。以上のことを考え併せると，"表象化なき抽象化"の世界（表象化の不全な抽象性優位状態，"偽抽象化"）が統合失調症の精神病理像の一側面として浮かび上がってくる（第5章100-101頁参照）。

d. "生の戦略"との関連性

統合失調症という事態では，感覚系・認知系の歪みや表象機能不全によって関連表象・記憶表象に依存した生き方が麻痺し歪むので，図式性・具象性が背景化し，徴候性・抽象性が前景化してくる。その結果，全体の関連性を追わないで"一部"で物事の"全体"を判断するような生き方に傾く。自らの陥っている事態の解釈の過程で，言語を主体とした絶望的な意味づけ（コーティング）を通して幻覚妄想が湧き起こり，袋小路へと入ってしまうのである。それを避けようとする生き方が反パラディグマ指向性 anti-paradigmatism[注10]（徴候性の波に揉まれながらも，すべての情報を相対的に抽象化することで安定化しうる状態ともいうる）であると考えるならば，まさに反パラディグマ指向性こそが統合失調症の"生の戦略"の基本であるといえるだろう（中井は，パラ統合指向性 para-syntagmatism[注10] の下にも反パラディグマ指向性がしばしば透見されることを1982年に付記している）。

徴候性優位のなかで，統合失調症の人は一つの微妙な"変化"から即座に"全体"を読み取ろうとする。こうした"変化"にのみ走り，そこから強引に"全体"を捉えようとする傾向がパラ統合指向性・P型的特徴であり，"関連"を遠くにおいて抽象的あるいは記号的に事態を処理し"全体"を捉えようとする傾向が反パラディグマ指向性・H型的特徴であるといえる。微小再燃に際し，多種の解釈を強引に統合して安定化してゆける内在力が備わっている場合にはパラ統合指向性へとその生き方は傾き，描画上のP型を呈し，その戦略が持続できる状態になると臨床型としての妄想型を示すのであろう。また，強引な統合へもってゆけず（あるいは，もってゆくまでもなく），イライラ・不安・

注10) 中井は，一般的に，〈非妄想型：描画上のH型：反パラディグマ指向性（類似なものなかから相互排除的に一つのものを選ぶことを回避したり，個性的なもの，徴候的なものを回避する傾向）：生活臨床的には受動型〉〈妄想型：描画上のP型：パラ統合指向性（全体的見地を無視した強引な統合形成）：生活臨床的には能動型〉という対応があると指摘している。描画上の類型は，臨床型との間には多少の重なりやズレがみられ，むしろ生の戦略と，より密接に関連しているようである。

焦燥感の高揚のみで終わる場合には，淡々たる抽象性を維持し，描画上のＨ型を呈するのであろう。極端な場合は，ある種の連合・関連表象を放棄し"構成放棄"を示す事態となって安定化する。したがって，妄想型にしろ，非妄想型にしろ，経過の上でＨ型・Ｐ型を逆に示すことがありうるし，それは再燃の度に変わるチャンスを秘めているといえる。むしろ，それはその時のその患者自身の生き方を具現化しているといえるのである。

　では，そのなかにおいて空や星の描画はどのような意味合いをもつのであろうか。描画上のＰ型の代表的なものは，空では上下関係が画面から窺える構図のものが比較的多く（奇妙な印象を与える絵もしばしば認められる），星は抽象的だがエネルギッシュに力強く塗り込められていることが多い。強引に統合を形成できるエネルギーをもっているということかもしれない。Ｈ型では上下関係が画面から窺えない場合が多く，空では散在型の雲を描き，星では生命性があまり感じられない散在型の星が描かれることが多い。エネルギッシュな星はＰ型の特徴を，それに対する散在型の星は急性期あるいは微小再燃時にしかそのエネルギーをもてないＨ型の特徴を示しているのかもしれない。"空"と"星"は状況依存性が少なく，描く人固有のパターンを示し，生の戦略と密接に関連しているようである。一方，風景構成法をみてもわかるように，"変化"を追う傾向（それは徴候性によってもたらされる）には走らずに系統だった全体への"関連"を目指すもの（それは図式性の回復に役立つ）が治療には有効である。空・星の描画は"変化"を一般に連想させず，この点からみても治療的であると思われる。ある患者は，風景構成法およびそれに続く空と星の描画の際に，「上下左右が絵のなかに感じられるのがうれしい」と述べた。そこには，"精神的視野"の枠づけや方向づけを希求している患者の姿が窺える。それゆえにこそ，風景構成法と結びついた天象の描画と「天象から地象へ」の表象化の方法は，風景構成法のもつ治療的側面を強化した拡充法としての意義を備えているといえるだろう。

おわりに

　人間のもつイメージ・表象機能は，空間時間を越えて多次元にわたり，多段階的に織り込まれているものなのだろう。今回の風景構成法をもとにした空や星の描画の試みは，こうした表象機能の構造と機能を探る一つの鍵となりうるかもしれない。本論では，こうした描画により得られた知見にもとづいて若干の精神病理学的な考察を加えた。

　発病過程では，症例Aと同じように，空の描画で雲や鳥の絵を描く例がしばしば認められる。急性期・臨界期でも，空や星は描けることが多い。しかも，枠の有無に対してなどの状況依存性は，あまりみられない。それは，もしかすると，これらの描画がより原初のイメージに近いものを表しているからなのかもしれない。すなわち，生命性や生きる力や人の抱く内的空間そのものに対応しているのかもしれないということである。それらが描けないということは，おそらく一次性表象化から原初のイメージまでが失調していることを示しているのであろうし，逆に，描けるということは，原初のイメージが一次性表象化を通して健全に表出されうる可能性を表していると考えられる。それは，その患者の根本にある生命性とその回復力を，治療者は信じてもよいということである。一方，空白を"塗れる""埋められる"ということは，"関連"を意識下においていることを示している。"変化"や"徴候"だけでなく，図式性や"関連"を求め出したということである。天象から地象への表象化は，おそらく，関連表象回復のある種の段階の訓練にもなるのではないだろうか。「風景のなかにみられる記号化された人間」などの抽象化は，正常な抽象化とは異なる表象機能の不全，もしくはその残存を意味している場合もあるだろう。"空白"も同様の意味合いをもつ。表象化不全状態では，原初のイメージを「具体性を帯びたdetailsに富むもの」として認識するには表象機能のエネルギーが足りず，したがってエネルギーが少なくてすむように抽象化して表現してしまう（抽象性に特異的に偏る）のであろう。

　中井が図式性と徴候性という二つの認知様式において指摘したごとく，図式的認知の背景化とそれに伴う徴候的認知の前景化（相対的な徴候性優位）は統合失調症の事態を表現しているが，この図式性の背景化は，まさに表象機能の不全からくるものであるといえる。なぜなら，図式的認知・徴候的認知の過程

には記憶表象を主とした関連表象の検閲が介在しており，表象機能が不全状態であれば，各認知過程の特色（表象機能不全では図式性も徴候性も衰えるが，記憶表象・関連表象の関与の仕方は図式性の方がずっと大きい）からみても窺えるように，図式性の方がより打撃を受けやすいからである。こういう点で，図式性はまさに，人間の"人としての記憶"の積み重ねへの照合・検閲・フィードバックを通して培われてゆくものであるといえる。それとともに，徴候性は相対的に前景化するが，表象機能不全は，さらにこの徴候性をも歪んで突出したものにしてしまう。こうした点を考え併せると，表象機能不全は統合失調症の本質と何らかの重大な関わりをもっていることが示唆される。

統合失調症は人間存在・自己存在の崩壊した「説明飢餓」状態であり，その病いの真っ只中にいる人びとは，失われつつある論理と表現の波に揉まれながら，自己の枠組の壊れた空間と時間のなかを漂っている。彼らは，あらゆる人間関係のなかで最も脆く弱い人びとである。それゆえに，そうした人たちに投げかけられる精神療法的接近の試みは，われわれが面接の際に行うすべての人間関係における方策の基本になる。

芸術療法は絵画療法を中心として始まり（人間における視覚イメージの優位性がその原点にある），そこからさらに音楽や彫刻，詩歌や劇，箱庭など，あらゆる感覚器官を介したものが追従し，それらを越えた個と個の間に響く"間合い"や"間奏の表象"までもが取り入れられて，芸術療法は，その自らの拡大成長を遂げてきている。そしてそれは，「芸術的あるいは創造的媒介を通じて人間の表象機能のもつ自己治癒性を支え導き出す療法」と定義づけることができるようになった。その基底には，「イメージ・表象機能のもつ自己治癒性」という理念がある。そこに内在する構造と機能を解明することは，おそらくこれからの芸術療法が目指すべき課題の一翼を担っているといえるだろう。

表象化とは，人間の，あるいはすべての生命体の活動の際に必ず介在するものであり，"生きている"ということの証であるともいえる。まさに，表象化それ自体が，その生命体の生命性を支えているのである。芸術療法のすべては，まさにこの"表象化"の乱れや歪み，崩れを支え建て直すことに注がれる。健全な表象能力を取り戻すということ，それこそが，その個体の生命性を取り戻すことに繋がるのだから。

第4章
拡大誘発線法における"埋没化"現象
―― 人物部分刺激として捉えた際の反応についての省察 ――

はじめに

　後藤，中井によると，誘発線法の特徴は，1）患者の抵抗が少ない（児童初回面接に用いうる），2）侵襲性が少ない（パニックに陥った例はない），3）反復使用に耐える（1週おきでも実施できる），4）他の治療への導入に使える（絵画療法，遊戯療法などを含む全治療システムのなかに統合されうる），という点である。

　中井がK大にて用いているパターン2（図1①〜④）は，序破急または起承転結というカードの順序を重視したものであり，①は柔らかい線で，シメトリー，描画誘発性を意味し，②は先が尖り直線で作られ，連続性と新奇性（衝撃性）を釣り合わせたものであると考えられ，多少とも攻撃性が喚起され表現されるか，その否認がさまざまな形で表出される。それに対し，③では①②との非連続性が強調され，②から一変して柔らかな線となり，シメトリーとしてよりは流れる一つの線と認知され，「甘え」の認知と関係するロールシャッハ・テストでいわれるところのtexture sensibility がここで誘い出されうる。④は終結を象徴している。

　①〜④の順序はロールシャッハ・テストに比べ，テスト性が低いかわりに侵襲性が少ないと考えられる。また，後藤，中井は，「本法は投影法と構成法のいずれの面をも併せもち，中間的であり，また未分化である。一種のplayfulness, 軽

図1

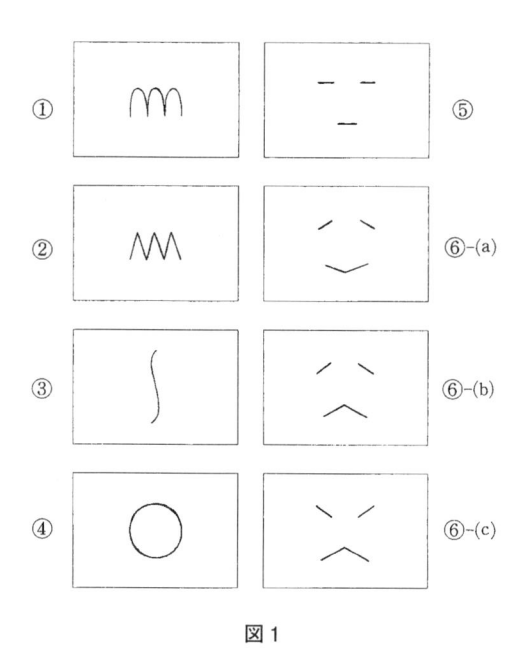

みの雰囲気が醸し出され，ドナルド・ウィニコット Winnicott, D. W. のSquiggle法に似て相互性を備えており，さらにそれよりも治療者の抵抗も少なくてすむ。より穏やかな形で相互性が保たれており，HTP法よりも，ときには色彩分割法よりも抵抗が少ない。すなわち，それだけ患者との距離のある方法であり，それゆえに成人の統合失調症圏の人に対しては，持続的に本法主体の治療ができる」と述べている。

　さて今回，筆者は今までの誘発線法（拡大するにあたっては本論では中井のパターン２を援用）に項目を追加してみると，これら刺激図形が人物部分刺激として考えられないか，と発想した。すなわち，④で完結するのではなく，さらに繋がらない浮遊するいくつかの線を付加することで人物の部分刺激として発展させてみたのである（図1①〜⑥）。

　ある先天盲（眼球を持たずに生まれた）の精神障害の患者は，人のイメージを「雲や靄のようなもののなかから出てくる手や聞こえてくる声」として捉え

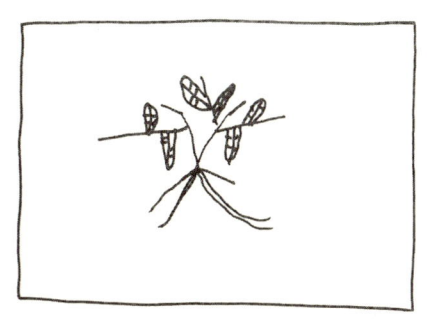

第4章 拡大誘発線法における"埋没化"現象　79

図2　　　　　　　　　　　　図3

ていた。聴覚空間優位の世界，すなわち"暗い空間"に囲まれた世界に住む人にとって，"明るさ"は手の感触や聴覚を通じて得られるのかもしれない。それは，統合失調症において「雲のようなもやもやの彼方（本質特性の"雲"）から聞こえる声」としてクラウス・コンラート Conrad, K. が描写したことにも繋がるだろう。とくに統合失調症圏の人は，その回復の過程のなかで人を手（触覚）から感じ，それから口や声（聴覚），顔や目や視線（視覚）へと徐々にその認知の範囲を拡げてゆくと考えられる。

　こうした観点に立つと，①は手（指），②は歯（口），③は鼻もしくは髪，④は顔の輪郭ともとれる。そこで，視線も表情もない目と口を暗示する三つの線として⑤を，喜び（a），悲しみ（b），怒り（c）の表情を暗示する三つの線として⑥を追加し，⑥においては，ここでは好きなものを一つ選んで描いてもらうという方法をとってみた。⑤⑥の線は歯も視線も示さず柔らかい感触を与えるので，統合失調症圏の人にとっても侵襲は少ないだろうと考えたのである。また，三つのうちから一つを選んでもらうことの意味もあるのでは，と期待した。誘発線法は繰り返せる利点があるといわれているが，⑤⑥を加えた形で繰り返すと，人物部分刺激としての強度は増すといえる。果たして被験者たちは刺激図形（の意味）を強調して描くだろうか，それとも周りのなかに溶け込ませてしまうだろうか。

　本編をまとめるにあたり印象に残ったいくつかの作品があった。それはたとえば図2, 3である。図2は，20歳の適応障害の女性が脱抑制状態からの回復途上で描いたものである。⑤の段階では女の子の顔を上半身も添えて描いたのに

対し，⑥では（c）を選び，草木を描いている。また図3は26歳破瓜型統合失調症の女性の作品で，⑥にて（c）を選び，風景のなかに刺激図形をきれいに取り込んでまとめている。筆者は，こうした反応を"埋没化"現象と名付け，論を進めてゆきたい。

1. 方　　法

　被検者と治療者の一対一場面に用いる（原法として。集団の場で一対多として用いることもある）。ある程度の疎通性がとれたのち，画用紙を患者の前に置き，「これから私が描く簡単な線をもとに絵を仕上げてください」と告げる。この時，いつでも断る権利のあることをまず保証する。画用紙に枠どりをし，中央部に手早くフェルトペンで線（刺激図形）を描く。「この線をどう使ってもよいのです」と回転させてもよいことを告げる。線描が完成すると，題・テーマなどの簡単な説明をしてもらい，次の画用紙を重ね，「では，これではどうですか？」と次の刺激図形を描く。これを繰り返し，⑥にくると，「この三つのなかから好きなものを選んでください」と告げ，選択を促す。選択したものに対し，「ではこれも同じように，この線を使って何か絵を仕上げてください」と述べる。彩色は反対から（つまり⑥から）行うことが多い。最後に全シリーズを並べて話を聴く。どれがよい感じだったか，どれがやりにくかったかを話し合ったり，好きな順に並べてもらったりする。ときには，その順に沿ってストーリーを作ってもらうこともある。さらりと言葉に出すことに意味があるようである。

　今回はとくに，刺激図形を人（の一部）としてみるか，その際①から⑥のどの部分から，あるいはどの部分を人としてみるか，与えられた図形をものの一部として描くか，その図形を背景のなかに埋没させるか，そもそも背景は考慮に入れているか（背景まで塗るかということも含めて），与えられた図形と描いたものとの間に関連性の希求はあるか，2回目以降はどう変化しうるか，埋没化は経過のなかのどのような時点で出現しやすいのか，一度出現したら連続的に出現するのか，回復経過のなかで消えたり，（人物部分刺激としての）刺激図形の強調に変化することがあるのか，風景構成法やなぐり描き法に比べて被験者にとっての難易度はどうか，などもみた。

2. 症　　例

症例1　初診時17歳の女性，喫茶店店員，統合失調症性精神病
（この症例の詳しい経過の報告は第3章症例A参照）

　妄想気分，感覚過敏，離人感に襲われ発症，さらに妄想知覚，被害関係念慮などの症状発展を経た統合失調症性精神病症例である。当初より身体的自律神経的動揺を呈しており，中井のいう「発病時臨界期心身症候群」とみなされた。それと重複して，徴候的認知の前景化，漠然とした注察念慮，つつぬけ体験，自生思考，思路の延長・分岐・加速化，超覚醒，注意転導性の亢進などが出現，やがて幻聴，被害関係念慮がひどくなり，入院のやむなきに至ったが，その後も臨界期の身体症状は消失せず，ときに短時間の変転する幻覚妄想体験を呈しつつ回復時臨界期へと徐々に移行，その後は挿間的に状況依存的な妄想世界の短期的再出現（微小再燃）をみつつも，おおむね訂正は可能であった。8カ月間の入院期間中，知覚過敏，関係念慮，超覚醒感，知覚変容感，離人症状，途絶などのより強度の低く持続性の大きい病的状態の消長がみられた。上記症状が臨界期症状も含めて消失した段階で退院，以後は外来を受診しつつ社会復帰の道程を歩みつつある。

　この症例の詳しい絵画療法の経過は前章を参照願いたいが，外来通院を始めて3年目，家族とともに住み，家事を手伝い，友人と少し出歩きはじめた時には，それまで全体を一つの形象として捉えようとしている様子で「浮かばない」と訴え続けていたなぐり描き法ができるようになった（第3章図22参照）。それ以前は，誘発線法については①で時々山と木をキメラ的に組み合わせて描く程度で，それ以上は描けなかった。図4は外来通院を始めて4年目，ウエイトレスのアルバイトを始めるも5日で辞めた時のものである。①は緑の小山に太陽と木と雲を描き込むが，画面全体を使えていない。②は「クリスマスツリーにしようと思ったけれどノコギリになった」と述べる。③の刺激は象の鼻として捉え，「ちょっとしっぽが描けなくなった」と枠からはみ出して描いた。⑤は横断歩道と信号を描き，刺激図形を埋没化させている。⑥は怒り（c）を選ぶも，逆さにしテーブルとグラスを描く。赤いグラスと黒いテーブルは離れ，グラスは飛んで割れそうにもみえる。まだ不安定さを示してはいるものの，テーブル

図4

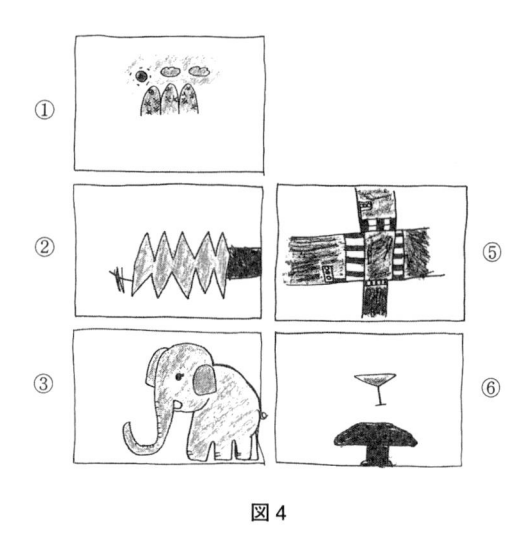

というしっかり地に根差したものも描いている。

　図5は，その4カ月後，再びアルバイトの口を見つけ外に出るようになり，より社会化された生活を送るようになった時期のものである。①は「中くらいの高くない山」に太陽と雲を描き込む。山はやはり緑化しているが，画面全体は使えていない。②は「掌くらいの小人」で，刺激図形を帽子という形で被い隠している。回復時臨界期以降は，描く人はすべてstick personであったが，それを脱し，初めて顔を描いた。身体はまだ記号化したままである。③はこげ茶の「模様」であるという（階段，梯子にみえる）。④は雪ダルマを通じ，人物を表現しているともいえる。ニンジンの鼻を添え，豊かな表情である。⑤は時計台のある建物を描き，刺激図形は建物のなかに埋没化している。⑥はやはり怒り（c）を選ぶも，「何か全部顔に見える」と述べ，選んだ図形に顔の輪郭はなくも表情を描く。赤い頬を付加して，力いっぱい頑張って生きている様子を窺わせた。⑥は描きやすいが，⑤は描きにくかったと訴える。②④⑥と人間そのものではないにしても，擬人化されたものに初めて顔と表情を描き，"人物反応"といえる反応を示している。

第4章 拡大誘発線法における"埋没化"現象　83

図5

症例2　36歳の男性，幻聴，思考化声，思考伝播，関係妄想，漠然とした注察念慮，不安，焦燥感，感覚過敏などを主症状とする統合失調症症例

　20歳時より頭に声が聞こえるようになり，当時数カ月の入院歴がある。それ以降は断続的に通院を継続，時々投薬を受け，調子のよい時には父の会社を手伝いながら，無為な生活を送っていた。活動性は高く，生活臨床的には能動型である。幻聴はひどくなると持続的になり，ものすごく強く聞こえ，頭のなかで響くようになると，20歳の頃に行った歯科で歯に無線機を埋め込まれたのだと思ってしまう，とのこと。症状についての知識と理解はあり（納得はしていないが），自己をある程度客体化でき，それゆえに妄想世界に迷入してしまわずに，ある程度安定した生活を送れてきたと思われる。歯科での出来事に対する根強い妄想の形成は，むしろ本人の症状の安定化をもたらし，人格の荒廃を防いできたと考えられた。今回の入院に際しては，「幻聴が数カ月持続して強く聞こえるのでつらい」「頭のなかの騒がしい感じ，ざわざわする感じがあり，考えがまとまらず，幻聴に刺激されて次々と物事を考えてしまう」と訴え，薬物調節，服薬管理，生活改善を目的に自主的に入院を希望した。入院前外来では，絵画療法でなかなかイメージが浮かばず，項目に対しては，文字を書いて応じようとした。木は抽象的記号的に描き，色彩分割法にてもすぐに疲労を示し，

図6

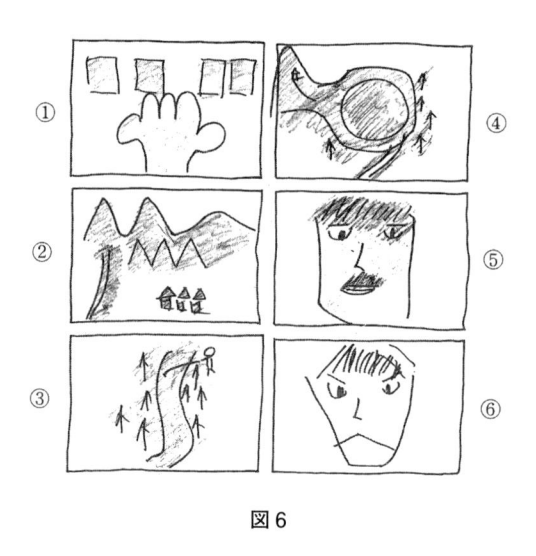

20分割中，彩色は五つでやめた。

　入院後は，幻聴の改善とともに無線機のことも消え，焦燥感に症状の中心が移り，さらにその後，「夜になるといろいろな考えが湧いてきて，それが声になるようである」「考えが次々に湧いてくるので，それを忘れるためにメモをとる。メモすると楽になる」と訴えるようになる。夜半になると湧き上がる観念の自生化は，強度の低く持続性の大きい症状の一つと考え，クロールプロマジンを主とした内容に投薬を変更し，症状の改善を待って退院となった。

　図6は入院後1週間のものであり，病棟内生活に身を任せ，生活が規則正しくなり，盛んに他患との交流を求めていた時期のものである。割合容易にイメージは浮かぶようであった。①は指にカードを付加した（余白への進出）。②では上方にもっと大きな緑の山並をもってくることで刺激図形を被っているが，図形は剥き出しになっている。「山」として捉え，川と家を付加し風景化している。上方のは，けっこう大きな1,000メートルくらいの山脈だという。③は「川」として捉え，木と人を加え，釣をしている風景を描く。ヤマメ，イワナを釣っているところだという。④は枠からはみ出して描き，「池」として捉え，山，木，道，家を加え，やはり風景化している。池は緑で生き物はほとんど見当たらないという。②③④は水を必ず描いており，彩色を含め，注意は周りの

第4章 拡大誘発線法における"埋没化"現象

図7

余白へも向いている。刺激図形を風景に何とか埋没させようとしているようである（この症例には，この時点ではまだ風景構成法は実施していない）。⑤⑥は人物反応を示している。⑤は，笑っているところだと述べるが，彩色段階で髪を塗った黒で左目を隠し，さらに髭を加えた（視線の鋭さや強さを緩和するためであろう）。彩色により，むしろ表情はきつくなった。⑥は怒り（c）を選び，「ちょっと睨んで怒っている人」を描く。好きなのは④，嫌いなのは⑥だという。この1週間後のなぐり描き法は，なぐり描きができず色彩分割様になった。

図7は，再び外来通院に切り換え，睡眠を中心として生活が乱れはじめた時のものである。幻聴はチラチラ流れる程度，観念はやはり湧いてくるが雑念様であるという。①②は「何かわけがわからない。似たようなものを集めた感じです」と述べる。抽象的，記号的，幾何学的であり，ほとんどなぐり描きのようである。②は星か蝶のようでもある。③は「人の顔みたいな感じ」と語る。人が対称的に向かい合っているが，むしろ図と地の関係で真ん中の部分が人の姿にも見える。左の人の目線は異様に塗りつぶされており，右の人は目を閉じている。④は「何の意味があるのだろう。空とか地球とかをイメージしたんです」，⑤は「自分でも何を描いたかわからない」（UFOにも見える）と述べた。刺激図形は埋没化されている。⑥は怒り（c）を選択し，「子どもです。ちょっと

図 8

　「怒っているみたい」とここで人物反応を再び示した。図6でみられたような刺激図形を背景に埋没させる動きが，こういう記号的図形的な形式で現れたのだろう。これは第3章で述べた"表象化なき抽象化"の描画表現と思われる。人物反応がそこから一部洩れ出てきている。
　図8は，その1カ月後，外来にてのものである。観念の自生化はなくなるも，幻聴はチラチラし，「人と話をすると言葉が残って消えなかったりして，それに振り回される。頭がすっきりしない」と訴える。①は「トンネルみたいな道路」，視点のズレ，不整合が目立ち，キメラ的多空間化している。②は「山みたいな感じ」とやはり刺激図形をそのまま重ねてゆくも，大小遠近は図6②と逆になっている。空を示す空白は水色に塗る。③は図7③と同じく人が向き合っている感じだが，顔の前面のみを描いており髪や耳はない。目線は少しやさしくなっているが，右の人は横顔にも拘らず，目が正面を向いている。やはり図と地の関係で両者の間の空間が人の姿にもみえるが，それは前回よりも強調されている。④は前回と似ており，「星とか地球とか空のイメージで描いた」と述べた。⑤⑥は人物反応がまったく消え，刺激図形は埋没化を示している。⑤は「城みたいな感じ」と訴えるも，左下は空白を多く残し，空中に浮かんでいる印象を与える。屋根も一つは宙を舞っている。⑥は怒り（c）を選び，「山の

第4章 拡大誘発線法における"埋没化"現象　87

図9

形が対称的であり，手前の山が向こう上方の湖に映っている」と説明し，手前の山を緑に，上方すべてを水色に塗る。幾何学的対称的に描かれた，遠近感の乱れた奇妙な世界である。好きな順は③④⑥②⑤①だという。

症例3　34歳の女性，主婦，非定型精神病

夫と2人の娘がいる。22歳時，某宗教に接したのを契機に世の終わりを考えるようになり，考えがまとまらなくなり入院。以後，服薬が不規則になると症状が悪化し，7回の入退院を繰り返している。ここ数年，幻覚妄想とともに躁的逸脱行為の波がみられ，気分変動，異常行動が前景に立つが，いずれも早期に回復している。今回の入院では，不眠，焦燥感，多弁多動，注意転導性の亢進，浪費，人間関係における混乱，独語，自室への閉じこもり，夜間徘徊などがみられた。入院後5日目には，大きな花の絵を描く。治療者の与えたテーマについて，ノートにいっぱいメモ書きをする（とくに家族や家について）。さらにコラージュなども作る。2カ月で退院となるが，この症例では，子どもに対する愛情が本人を支え，それをいつも治療者に表現することで退院を早めていったと思われる。子どもの話をするといつもニコヤカになり，家族の絆を大切にする人であった。それが，現実適応力の保持を促していたと考えられる。

図9は，入院2週間後の躁状態の時のもので，感情表出が盛んである。①は

図10

刺激図形を逆さにし,「ミルクリング(ミルクを落とした時にできる)」を描く。彩色は黄色とピンクを用い,空間は全部塗っている。②は王冠であり,その下には一部だが人(子どものようでもある)の顔が描かれている。①②とも冠である。③はフルーツカクテルとスプーン(わざわざ字を付加している),④は地球儀(地球ではない)。⑤はエプロンのピンクのポケットだが,身体の一部を②と同じく描いている(埋没化と人物反応の混在)。「うちの子はポケットが好きで,何でも入れたがるの。ピンクはうちの子が好きな色なんだ」と説明する。⑥では笑い(a)を選ぶも,泣く女の人を描き,感情の波を紙上にほとばしらせた。「思いっきり泣いている人。私と子ども,両方の叫び。私が子どもに会いたがっている。子どもが私に会いたがっている」と告げる。①から⑥は,いずれも子どもに関連したものである。

　図10は,その約1カ月後,外泊を繰り返し退院の予定が迫った時の描画である。「何をするのもおっくうな感じだ」とやや抑うつ傾向になっていることを訴える。ノートへのメモ書きもなくなっており,「ノートを持っているのは負担だから預かってください」と治療者に持ってくる。図10は全体的におとなしく,エネルギーの低下を窺わせるものになっている。①は王冠を描くも,図9②のように華やかではない。そこには,人は描かれていない。②は「小人の国」。家

の屋根を描くことで刺激図形を被っているが、小人には顔がない。③は髪の毛を連想し、「よそ見している30歳くらいのモデルの女の人」を描く。④はマンホールの蓋。周りの空間も塗っているが、蓋をとると、なかには何があるのだろうか。⑤は「流れに逆らって泳ぐメダカ」。⑥は再び笑い（a）を選び、「お多福、おかめ、ホッペはナルト。よくわからないけれど、人って表だけではないというか、時代によって美人の基準も変わるし……」と説明する。図9に比べ、必ずしもすべてが子どもに関するものではない。

症例4　初診時17歳の女性，マンガ家志望の学生，前統合失調症状態
　　（この症例の詳しい経過の報告は第3章症例B参照）

　出生時、臍帯巻絡で吸引分娩。小学生時代、喘息発作頻発、小学校の頃から強迫傾向があった。ボーッとして物忘れの多い子であったという。主訴は、「登校時になると胃の痛み、下痢がある。人込みのなかで目の前が真っ暗になって倒れる。空想と現実の区別がつかない。考えがどんどん先へ進んでついてゆけない。記憶が途切れる」などであり、初診時より統合失調症発病過程の可能性を窺わせた。

　その他、「自分の身体が自分でないような気がする。これ現実かな、と思ったりする。霞が周りを包んでいるみたいで、実感がない。ふわっと宙に浮いた感じ。身体が自分から離れてゆくような感じ。真上から自分を見ているような感じ。身体と頭がバラバラになったみたい」「誰かが後ろにいる感じ」「本が非常に速く読める。どんどん頭に入ってくる」「頭のなかがぐちゃぐちゃになる」「考えがまとまらなくて、ボーッとして物を落とすことがある」「電話が怖い。周りが怖い。何かが耳元で囁く感じがする」「世界が歪んで見える。瞬間的だが、周りが歪んで見える。平面のものが立体に見えたりする。ものの境がはっきり見えすぎる。壁のシミ・カド・キズが気になる。人の顔が重なって見えたり、歪んで見えたりする。相手の目が三つか四つになったり、左右がずれて段違いに見える」「黒いものが灰色に光って見える」「雑音がビンビン響く。臭いに過度に敏感になっている」「時間のサイクルが短くなってきているみたい」「怒っている自分と、何が何だかわからない自分と、それを冷静に分析している自分などがいろいろいて、分かれてしまっている」「実際見ているものと自分とが共鳴しているみたい。机が呼吸しているみたいに感じる」「視野の辺縁に人の顔や猫が走るのが見えるが、そちらへ目を向けると消えてしまう」などの多彩な訴え

図11

があった。気分は不安定で、自殺念慮あり、手首自傷、2階から飛び降りたり、壁に頭をぶつけたり、自分で首を絞めたりなどの行動があった。2カ月間の入院2回を経て上記症状は軽減し、それ以降は多少の動揺を示しながらも通院治療を維持しえた。自律神経症状、離人症状、身体遊離体験、思路の加速現象、思路の途絶現象、超相貌化、知覚変容発作、実体的意識性、感覚強度の増大、超覚醒感など多彩多様な症状が交代しながら長期間続くも、妄想体験に発展することはなかった。

　この症例の詳しい絵画療法の経過は第3章を参照願いたいが、言語を介した精神療法的な支持と絵画療法を続けてゆくうちに、のべ数百枚にわたる自主的な自由画創作を行うようになり、精神病的なレベルを脱し、再び"強迫"の鎧をまとう（たとえば、気に入った服のコーディネイトができないと何時間でも時間を費やし、その日は会社や病院に行けないというような）ようになった。入院時の誘発線法では、ニワトリや恐竜などの生き物（横からみた姿のみ）やポットなど種々のものを描いたが、人は描いていない。高校はその後退学したが、外来通院2年目には、自分でマンガを発表したり、某情報誌のアルバイトをしたり、某広告会社に勤めたりできるようになる。同僚の人たちとも何とか協調して仕事ができるようになった。

図11は，外来通院4年目，美術の専門学校に（再び"学校"というところに）通いはじめ，イメージがよく浮かぶと訴えている時のものである。①で犬を描く。②は，刺激図形を髪の毛にし，子どもを描く。ここで人が現れている。③はネズミ，④はモモンガ，⑤はハニワ（これも一種の人物反応），⑥は笑い（a）を選択し，犬を描いた。耳と顎にうまく刺激図形を埋没させている。活動性社会適応性の上昇に比例するかのように，①から⑥まですべてを，顔を持った動物や人間でまとめている（しかも，それらは正面像である）。

症例5　25歳の男性，会社員，不安神経症

中学生時，眩暈の症状で10日間程学校を休んだことがあり，その当時，自律神経失調症と診断されている。受診1週間前より，39度の発熱が5日間続いた。それを契機にして，「少し歩くと目が回り，気持ちがわるくなる。自分が揺れて回っている。平衡がとれない」などの症状が出現した。耳鼻科では，平衡機能検査などの諸検査を受けるも異常はなかった。その後も，「耳鳴りがする」「涙が出ない」「瞼の下がピクピクする」「心臓が痛い」などの種々の心気的訴えを続けた。面接を続けるうちに，「対人関係に気を遣っており，仕事内容は上司とうまくいっていない」と仕事上の悩みや転職の希望を話すに至る。脳波上，左側優位に6 c/s positive spike susp. が出現しており，器質的な要因の加わっている可能性がある。

図12の①は「アフリカの民が太陽に対して願い事をしている。神様の儀式のイメージ」と説明する。しばらく考えたのちに周りから埋めていった。左はハゲタカであり，キリンは宙に浮いている。夕暮れ時というも，太陽は中心に描かれている。②は家を描き，「左が入り口，右はサンルームで植物を育てている。この家には子どもがいるので，果物のなる木が入り口にあります」と述べる。③は「太いモウソウダケの節の部分」。④は「地球のあらゆる所から太陽を見上げている。ある者はロケット，ある者は人工衛星を上げる」と説明した。やはり周りの空間から埋めてゆき，人（記号化している）を多数描いた。右が昼，左が夜というが，ここでも太陽は中心化している。⑤は「上から見下ろした平面図で，上方は広場にベンチが二つあって，大きな木が真ん中にある。下方は，レンガの遊歩道に，スピードを落とすように曲がって造られた道路」と説明を加える。刺激図形はこの絵全体のなかに埋没化している。⑥は笑い（a）を選ぶも，大砲を描き，「明治維新の頃のもので，前から弾を入れるんです」と

図12

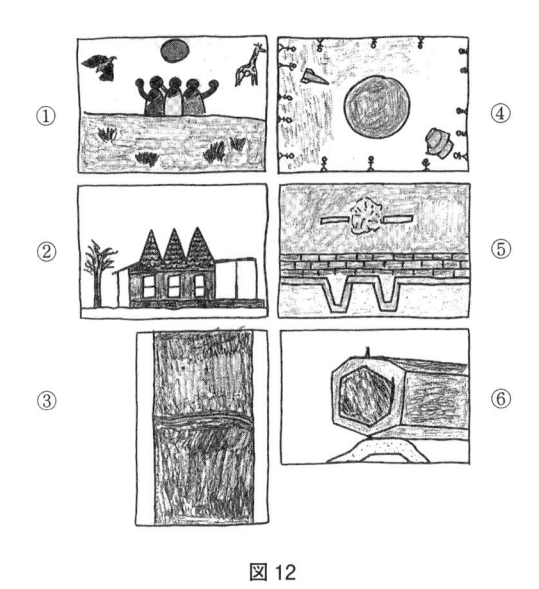

語った。好きな順は，①④③⑥⑤②だという。細かく時間をかけて丁寧に描き，言語化も豊富であった。視点の多様化が特徴的である。③⑥は何かphallicな印象が強い。内容分析に，より重点をおく必要があるだろう。

3．結果と考察

　統合失調症症例では，キメラ的多空間化，画面の不整合性，抽象化記号化などの形式の歪みが，やはり主要な特徴である。回復時臨界期以前の症例では，④までは描けないのに，突如⑤で人を描く場合もあった。人物反応が出やすいか，埋没化が起こりやすいか，の違いは，描画上のP型，H型の違いとも関連しているようであるし，経過における対人接触の取り方の様態や社会適応度とも密接に関係しているようである。症例2の図7，8は，前章で述べた"表象化なき抽象化"の事態（表象化不全を基盤とした抽象化優位状態）が描画上に現出したものといえる。

　非定型精神病の人の描画は，統合失調症の人の描画に比べ，拡大風景構成法

と同じく具象的で多様なものが多く，内容は豊富である。比較的よくまとまりを示している。精神病群に比して，神経症群は，なお格段に現実的具象的であり，内容が豊富，多彩で，影をつけ，色を混ぜ，絵の説明，言語化も盛んである。構図や形式よりも表現内容の読み取りが大切であると思われる。

　刺激図形を，ものや風景など周りに埋没したものとして捉えるか，顔・表情・人物として捉えるか，を比較してゆくことは，認知図式のなかにおける風景から人間へ，静から動への移行が，治療経過のなかで，どのように起こっているのか，をみることにもなる。風景構成法，なぐり描き法，誘発線法それぞれは，各症例によって描きやすさ，可不可，難易順が異なるようであり，その統計的な検索が期待されるところでもある。

　中井によると，誘発線法は「省略ぬりえ法」から派生したものである。既存の形の線を同じように上からなぞる「なぞり絵」や既存の形に色を塗る「ぬり絵」ならできる急性期の統合失調症の人がいることを考えると，誘発線法は統合失調症の人にとっては，これらよりは難度の高いものであろうと推測される。急性期から臨界期，そして寛解期へと経過してゆくなかで，風景構成法，なぐり描き法，誘発線法のうち，どれを一番最初に描けるようになるかは，各個人各症例によって違うようでもあるが，こうしたことはまた，表象機能の種々の段階や過程を考察する上にも大きな意味をもってくると考えられる。そこから，表象機能における新しい精神病理が導き出されるかもしれない。

　誘発線法の意味合いは，いくつかあろう。一つは，被験者の持っている内的なイメージの部分像を与えることで，そのイメージの全体像を引き出すということである。たとえば，①において二つの山を与えると，三つの山よりは"乳房"に関するものが出やすいと思われる。今回は，刺激図形をとくに人物部分像として捉え，それに絞って結果を抽出した。神経症群では，とくにこうした内容の解析が重要になってくる。

　もう一つの意味合いには，外的刺激からのイメージ構築という脳内過程の視点からのものがあろう。構成的空間表象の舞台で風景構成法と比較してみると，風景構成法では，川，山，田……などの"ことば"が刺激となり，耳・聴覚系を介して一つのまとまった概念として入ることで，内的イメージが喚起される。それに対して，誘発線法では，概念にならない"図形"（不完全ゆえ，まとまった概念を作らず，多重意味をもちうる）が刺激として，視覚系を介して入り，そこから概念を形成して新しい形象を表象し表現してゆくのであり，図形をど

う捉え，どう膨らませ展開させるかがポイントになる。外的世界と関わる力の再生を促すという治療的意味合いがあるだろう。

　統合失調症の人においては，風景構成法の場合よりは，よりいっそう回復した段階でないと誘導できないようである。内界そのものから湧き出るものをどう表現するのかということと，外界からの刺激を内界においてどう捉え対応表現してゆくのかということを比較考察し，模式を一般化してゆくことは，"もの"との繋がりを希求する統合失調症の人の心が外界をどのように捉え，そして，さらにそれをどう捉え直しているのか，というような関連表象の機能をより構造的に探究してゆく上において重要な基盤となる。

　"埋没化"が何を意味するのか。経過のなかで変わってゆくとしたら，それはいったい何を示しているのか。刺激図形のなかに人を見ること，そこに人を見出せないこと（それは，世界図式の根本的な崩壊が一時的にも起こっていることを示しているのかもしれない），それを人として見ていながら描かないこと，描けないこと，描いてしまうこと……それらはいったい何を示唆しているのか。さらに注意深い観察を加え，考察を深化させてゆきたい。

第5章

構成的空間表象の病理／構成的描画法の治療的意義

——統合失調症患者を中心として——

はじめに

　芸術療法をイメージの側面から捉えると，「芸術的あるいは創造的媒介を通じて人間のイメージ・表象機能のもつ自己治癒性を支え導き出す治療」であると定義づけることができる。その根底には「イメージ・表象機能のもつ自己治癒性」という理念があるが，そこに内在する構造と機能を解明することは，これからの芸術療法が目指すべき課題の一翼を担っているといえる。一般に"表象"というとき，そこには種々の意味合いが交錯している。哲学的意味，文学的意味，生理学的意味，精神病理学的意味，そして芸術療法の意味……唱える人によって，当てる光も切り取る像も違ってくる。おそらく，人間のもつイメージ・表象機能は，空間時間を越えて多次元にわたり，多段階的に織り込まれているものなのだろう。

　絵画療法では，被験者の精神的視野や心理的空間を，イメージ・表象機能を介して三次元から二次元，すなわち描画空間へ変換させることによって，その内的心的な空間特性をみる。その際に問題になるのが，用いた技法が診断的か治療的か，横断的か縦断的か，内容分析的か形式分析的か，投影的か構成的か，ということである。心理的空間は一般に投影的空間と構成的空間に大きく分けられる。投影的空間は内的空間の性質を帯びており，奥行きや地平あるいは眺望を欠き，距離は浮動的で，そこには前ゲシュタルトが充満している。構

成的空間は外的空間の性質を帯びており，地平線と眺望を予想させ，距離は明確に定義され，外枠の存在によって中心・周辺，上・下，左・右が構造化されている。

　投影的空間を扱う代表的なものとしては，ロールシャッハ・テストや「なぐり描き法」がある。また，構成的空間を扱うものの代表としては箱庭療法があり，それを二次元描画空間へ変換したものとして「風景構成法」が挙げられる。風景構成法では，その治療的側面として第一に，診断的に用いることによって，その後の治療的方策の選択を促すという点がある。第二に，間歇的に行う形式や内容の測定が，非言語的接近法として言語的治療を補強し，その後の回復経過に影響を与える，ということが挙げられる。さらに第三として，風景構成法自体が内包している治療的な力が指摘できよう。それは，上下左右や奥行きを描画空間のなかに感じてもらうことによって，精神的視野の枠づけや方向づけを希求している人に安心感を与えたり，表象機能の不全状態に陥った人びとに対して，川，山，田，道などの項目を一つ一つ与え，関連表象（原点にある心像から切り出されたそれぞれの感覚像に関連性をつけ，一連の文脈を構成する表象過程）をさりげなく促し補正することで，表象機能の再生をもたらすということである。

　枠づけされた空間内でその空間を自由に仕切り好きな部分に彩色してもらう「色彩分割法」もまた，一つの枠づけされた空間内に別の空間を構築することを意味しており，構成的空間を扱ったものといえる。そこでは，空間を仕切るという行為自体が治療的な意味をもちうる。彩色は厚みや距離を与え，空間そのものの存在を感じさせる。

　一方，投影的描画法，構成的描画法の中間的な技法として，多重意味をもちうる刺激図形（単純な線や曲線）を呈示し，それをもとに絵を完成させる「誘発線法」がある。この技法では，刺激図形の順序を重視し，いくつかの刺激図形を連続して呈示する形式をとる。穏やかな形で相互性が保たれており，芸術療法の導入の際や，治療の行き詰まりの打開を図る際に用いられることが多く，とくに小児・児童で有効かつ安全である。一種の遊びの雰囲気を与えるからであろう。また，投影的描画法の側面を有し，とくに神経症・人格障害などの症例では，内容分析が大きな意味をもちうる。その上，構成的描画法の側面も併せもっているため，風景構成法と同じく，構成的空間のもつ治療的側面によって，統合失調症を中心とした精神病の症例に大きな治療的影響を与えうる。

一般に，芸術的媒介が病名診断あるいは経過診断の手段となるか，治療に繋がるかは，その患者のなかで創造への表象能力が適度に触発され，「枠組」を保ちながら次々と湧き上がる方向へもってゆけるか，にかかっている。それゆえに，状況依存性の高い場をより治療的に動かすためには，こうした描画法の治療的側面を補強し，表象機能の自己治癒力を高める作用をもつ手法を付加してゆく必要性があろう。こうした点に基づき筆者は，「拡大風景構成法」（1989）や「拡大誘発線法」（1990）を考案した。

1. 拡大風景構成法，拡大誘発線法

もう一度，拡大風景構成法，拡大誘発線法についてのこれまでの要点をまとめておきたい。拡大風景構成法は，風景構成法のもつ意味を拡大し，精神的視野を天象に拡げ，地象との関連を意識化させることによって，重力感覚や上下左右感覚などを促進させ，風景構成法で形造られる構成的空間のもつ治療的側面を強化することを意図して作られた。風景構成法の施行後に紙を新しく与え，"空"や，夜空を代表する"星"を描くことを指示し，ときにはその空の描画の下に別個に想像される風景を述べてもらった（空や星の描画と繋がった形での天象から地象への言語を介した表象化）。すなわち，風景を包む天象・地象表現（空，雲，太陽，月，星など）を探るという方法によって，精神病患者，とくに統合失調症患者における構成的空間表象の病理，およびそれよりの回復の道程を知ろうとしたのである。

統合失調症妄想型の症例における天象の描画は，非妄想型もしくは破瓜型の症例に比べて，上下関係が画面から窺え，具体的事物を加えたり，自ら下にあるものをイメージして描き入れたりすることが多い。地上同様の現実歪曲も多く，構図や色合いが奇妙な空（ピンク・黄色・黄緑など雲や空の異色性 heterochromatism を示すこともある）を描いたり，少数個の奇妙で幾何学的・抽象的な星を描いたりもする。天象の平均比率も非妄想型に比べて少ない。それに対して非妄想型では，視点が宙にあり，地上の風景と遊離した天象を散在的に描くことが多くみられ（散在型をいわれる），一つ一つの星のエネルギーはあまり感じられない。統合失調症の人の特徴として，風景よりも天象の方が描きやすく，疲労感や不快感を訴えない，ということが挙げられるが，とくにそれは破瓜型におい

て多く認められる。また，空あるいは星空に現れる太陽も，風景の場合よりは，より大きな意味をもつ。

統合失調症の人の描画に比べ非定型精神病や器質性精神病の人の描く天象の描画は，下方に風景を描いたり，アドバルーン，風船，飛行機，鳥など具体的なものを添えるなど，具象性に富んだ（現実に根差した）絵を描くことが多い。空間もきっちりと塗られ，天象よりも風景の方が描きやすいと訴える例が多い。気分障害（躁うつ病）の人の描く天象は重力の方向性が画面に感じられる。星には生き生きとした感じが少なく，抽象性を帯びたものが多い。神経症の人の描く天象の描画は，上記精神病群に比して格段に現実的な絵が多く，具象性に富み，陰影づけや混色を行う。絵についての説明も盛んであり，空白を塗る・塗らないは，むしろ図像上の効果をみて決めているようにみえる。また，これら非統合失調症群では統合失調症群に比べて，天象から地象への表象化は比較的豊富である。

拡大風景構成法は，"風景"が中心にあって，そこからの拡大であり，いつでも元の風景に戻ることが保証されているという意味で，風景構成法の閉じた世界を「半開放」しているともいえる。ところで，眼球は，静止していては，ものを見ることができない。振り子のような眼球運動が必要である。意識もまた，覚醒と睡眠の振り子のなかで，はじめて正常な心的機能が営まれる。拡大風景構成法も，精神的視野の力動性ということに注目した地象と天象との振り子現象のなかに精神療法的意義があると思われる。

拡大誘発線法は，治療者側の意図に沿った一連の流れを付加して刺激図形群を構築することにより，誘発線法の構成的描画法としての側面を強化したものである。筆者は，人物部分刺激を意図し，一連の刺激図形群を考案した。すなわち，筆者は，被験者が中井の用いている四つの刺激図形——三つの連なった丸い山，三つの連なり尖った山，伸長したＳ（インテグラルの記号），円——を，それぞれ指（手），歯（口），髪（もしくは鼻），顔の輪郭を暗示するものとして捉えることが多いことを経験的に認めたので，それにさらに二種の刺激図形（表情を伴わない目と口を暗示する"三つの浮遊する直線"と，笑い・悲しみ・怒りなどの表情を暗示する"浮遊する二つの傾線と一つの折線"）を加えて，人物部分刺激としての強度を高めた。これらの追加した線は歯も視線も示さず柔らかい感触を与えるので統合失調症圏の人にとっても侵襲は少ないだろうと考えた。この拡充法における注意点は，被験者が一連の刺激図形群のなか

にどの程度治療者側の意図を反映させて描くか，刺激図形を人物部分刺激として強調して描くか，それとも周りの背景に溶け込ませてしまうか（"埋没"現象），背景は考慮に入れているか（刺激図形以外の空白への配慮・進出，その彩色）などである。

統合失調症症例では，キメラ的多空間化，画面の不整合性，記号化・図形化などの形式の歪みが，やはり主要な特徴である。人物反応が出やすいか，埋没化が起こりやすいかは，経過における対人接触の取り方の様態や社会適応度とも密接に関連しているようである。人物反応でも，横顔から正面像への変化は，回復の指標になる。非定型精神病の人の描画は統合失調症の人の描画に比べ，拡大風景構成法と同じく具象的で多様なものが多く，内容は豊富である。精神病群に比して，神経症群では，なお格段に現実的・具象的であり，視点の多様化もみられ，内容が多彩で，影をつけ，色を混ぜ，絵の説明，言語化も盛んである。構図や形式よりも表現内容の読み取りが大切である。

2. "表象化なき抽象化" と "過具象化"

急性統合失調症状態では，一般的には絵，とくに項目画や具象性に富んだ絵は描けない。空や星も，描けても抽象的・記号的な形になりやすい。宙に浮いた形で，下の景色や大地を描かない。関連表象の機能不全は，天象の描画において，空間を塗れない，風景構成法との関連性がつけられない，地面に根差さず上下関係がつけられない，異色性・記号化がみられる，などによって窺える。

こうした表象機能不全の状態が回復経過とともに徐々に再統合されてゆくことが，描画を通すと，より明確化された形で比較観察できる。すなわち，統合失調症患者においても，空間を塗れない状態から塗れる状態へ，上下関係がつけられない宙に浮いた形から地面に根差した形へ，抽象的・記号的なものから具象性に富んだ絵へと経過によって変化しうるのである。こうした経過上の変化は，統合失調症が必ずしも不可逆的な変化をもたらすものではないことを示唆している。

そこに，表現病理を機軸にした絵画療法の介在する余地がある。絵画療法の種々の技法は，精神病理と表裏一体となって，表現病理を湧出させる。その目的は，表現病理学という観点から光を照射することによって，精神病理像の可

視的経路を供給し，それを治療へと導くことにある．

　統合失調症の状態では，言語表象過程を含めた人間の抽象化過程が表象機能から遊離・不統合化していると考えられる．統合失調症患者は健全な具象化に費やされるほど表象化のエネルギーがなく，適切な表象化を経ずに容易に抽象化を行ってしまう．そこでは適切な具象性をもたらすだけの表象化エネルギーが認められず，現実をみる際にも details の裏打ちのない歪んだ世界が現出する．描画上，妄想型では，それを強引に統合しキメラ的多空間を構成する．非妄想型では，それを補正するために遠景化したり色彩距離効果（色彩により奥行きや距離感を出すこと）をなくしたり構成放棄（まるで文字を書いてゆくように，川・山・田……と項目の絵を描き並べてゆく）したりする．このことから，"表象化なき抽象化"すなわち"表象化不全を基盤とした抽象化優位状態"（"偽抽象化"）が統合失調症の表現精神病理学的な特徴として抽出される．

　ところで，構成的空間表象の舞台で，外的刺激からのイメージ構築という脳内過程の視点から，風景構成法と誘発線法を比較してみると，風景構成法においては，川，山，田……などの"ことば"が刺激となり，耳・聴覚系を介して一つのまとまった概念として入ることによって，内的イメージが喚起される．それに対して誘発線法では，概念にならない"図形"（不完全ゆえ，まとまった概念を作らず，多重意味をもちうる）が刺激として，視覚系を介して入り，そこから概念を形成して新しい形象を表象し表現してゆくのであり，図形をどう捉え，どう膨らませ展開させるかがポイントになる．そこには，外界と関わる力の再生を促すという治療的意味合いがあるのかもしれない．

　以上のまとめを考慮に入れながら，統合失調症の心的空間に関する表現病理について，さらに考察を進めてゆきたい．風景構成法で与えられる構成要素には，ある程度のまとまりをもった総合概念（一種の抽象像の抽出といえる）を，具象像とともに想起させる力がある．この総合概念には，ある中間的な曖昧さがある．それゆえに，風景構成法は診断的に用いられると同時に治療的にもなるのであろう．この総合概念を具象像とともに想起させる力が，図式性の回復に繋がる．これが，構成的空間のもつ治療的意味合いである．急性期など，この抽出力が及ばない時には，描けなくなる（描画不能となる）．すなわち，個々の具象像のみが断片化して飛び交い，健全な表象化を伴う抽象像が取り出せず，一つのまとまった描画表現ができなくなる（"過具象化"）．その結果，部分像のみが散在する概念形成を伴わない記号化・図形化（飛び散る目の絵，耳

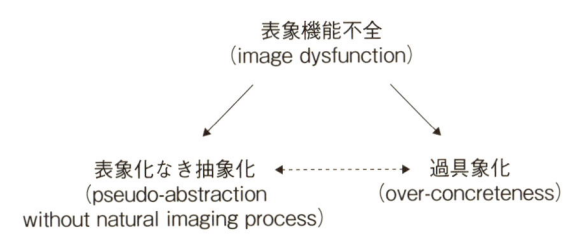

第5章 構成的空間表象の病理／構成的描画法の治療的意義　101

```
                    表象機能不全
                （image dysfunction）
                   ↙        ↘
     表象化なき抽象化 ←------→ 過具象化
     （pseudo-abstraction）   （over-concreteness）
     without natural imaging process）
```

図1　表象機能不全からみた統合失調症の表現病理

の群れの絵など）の状態に陥るか，または描画不能になる。もしくは，前述したような具象像に結びつかない，健全な表象化を伴わない抽象像が析出する事態となる（"表象化なき抽象化"）。

　"過具象化"では，徴候性優位のもと，部分像の集合から全体像を作ること（一種の概念形成，健全な表象化を伴った抽象化）ができない。たとえば，「川」といっても，個々の川，特定の川の要素が浮かび上がり，一般的総合概念としての川が浮かばない。ある統合失調症症例は，「いろいろの川のイメージがあって，なかなか絵にできません」「本当にいろいろな川がありますし……絵にできないんです。決められないんです」と語った。"過具象化"では，一つ一つの項目の具象性が過剰に進み，まとまりをもった概念化，一般的抽象化ができない。かくて，浮かぶが描けない事態が生じる。この一般的抽象化，すなわち健全な表象化を伴った抽象化とは，いろいろな具体的なもののなかから一般概念としての一つの全体的総合的概念を造り出し，抽出するということである。まとめると，描画表現上は，表象化不全から"過具象化"へ向かうか，あるいは"表象化なき抽象化"へ向かうか，の経路が推察されることとなる。統合失調症患者においては，"過具象化"と"表象化なき抽象化"（すなわち"偽抽象化"）は，表象化不全からくる振り子の両極であると考えられる（図1）。

3.「具象化傾向」と表現病理

　この章で論じてきた表現病理学や芸術療法の視座からの統合失調症の特徴について，ここでさらに，神経心理学の領域で論じられているある命題と比較検

討することにより，考察を深めたい．それは，統合失調症患者のもつこうした描画上の特徴は，ライネル・ホルム・ハーデュラ Holm-Hadulla, R. M. が神経心理学の領域で「具象化傾向 Konkretismus」として著したものの表現病理学的な局面であるといえるのではないか，ということである．

　統合失調症の人の思考障害として，ノーマン・キャメロン Cameron, N. は，「過包括 overinclusion」という概念を提示し，その特徴は，ⅰ）認知の焦点づけ不全（徴候性の乱舞であり，表象機能不全からくると考えられる），ⅱ）概念的課題で包括しすぎる（図形化・記号化へ繋がり，"表象化なき抽象化"へ結びついてゆくと考えられる），ⅲ）抽象化しすぎる，であるとした．一方，クルト・ゴールドシュタイン Goldstein, K. は，「具象的態度 konkretes Verhalten」という概念を提唱し，統合失調症患者の特徴として，抽象的態度をとる能力が冒されているということを挙げた．すなわちこれは，個々の徴候の断片などの過度に具象化したものしか表象できない"過具象化"の状態と考えられる．また，それに対し，器質性の人，脳損傷者の具象的態度は，きわめて直接的に与えられた平凡な事柄に縛られており，手元にある道具に頼って効果を得ることならできるが，実際のことを越えた可能性と想像の領域に身を置かねばならない時にはうまくゆかない，と特徴づけた．ホルム・ハーデュラは，これらの一見相矛盾する概念を統一し，「過度に抽象的な具象化 Konkretismus」として，実験心理学的所見の精神病理学的統合を行った．

　彼は，統合失調症性の思考障害を脳器質性疾患の思考障害から区別し，統合失調症患者の世界関連の一つの範例として，その思考・言語・行為の特異的な様式を描写した．統合失調症の人には特有な世界の象徴化・抽象化があり，彼らは象徴化を具象的に経験していると考えた．すなわち，ゴールドシュタインの「統合失調症患者においても，異常な直接性に支配されている病的に具象的な面がある」という考えと，キャメロンの「統合失調症患者における抽象的態度とは，過度に抽象化 overinclusive されたものであり，概念形成力の障害である（すなわち，健全な表象化を伴う抽象化が出来ないということ）」という二つの考えを統合し，「統合失調症の人には，思考，会話，行為において独特な過抽象化と過具象化が併存して起こっている．統合失調症的抽象化では，単純な具象的見地と過度に抽象的な判断様式が混在している．この過度に抽象的な具象化（「具象化傾向」）こそが，脳器質性患者の具象的態度から統合失調症患者の態度を識別する標識となる」としたのである．このことは，統合失調症におけ

る表現病理学上の特徴として筆者が上述した，表象機能不全から導出される"過具象化"と"表象化なき抽象化"という両極性の様態を，神経心理学的基盤から支持するものであると考えられる．

 1. で述べた機能性精神病と器質性精神病についての描画空間上の結果はまた，精神病状態における「機能性」と「器質性」の差異を暗示してもいる．絵画療法から得られた知見は，両者を比較検討する新たな道を照らしているようにも思われる．芸術療法過程をEEGトポグラフィーやポジトロン断層法（PET），MRI，MRAやSPECTなどにより検索することで，機能性と器質性の違いが現前化してくるかもしれない．芸術療法が脳科学へ参与してゆく新しい可能性がここにも窺えよう．

4.「雲」の描画法──そして，構成的描画法の治療的意義──

　ある患者は，風景構成法およびそれに続く空と星の描画の際に，「上下左右が絵のなかに感じられるのがうれしい」と述べた．また，「腐った木」や「石に押し潰される心」を描いた患者も，「空や星には憧れをもっています」と述べた．風景構成法をみてもわかるように，"変化"を追う傾向には走らずに系統だった全体への"関連"を目指すものが治療には有効である．天象の描画は"変化"を一般に連想させず，そのなかに描かれる世界は状況にあまり影響を受けない．イメージの暴走を抑え，やさしくパッケージする力を内包しており，イメージの適度の湧出を支え，その自己治癒力が効を奏するのを待つ．場合によっては色彩分割法などと同様に，これだけで導入の指標としても使える．

　とくに"雲"は安全で，安心や寛ぎを意味するようである．ふわふわとした心なごませるものであり，急性期でも抵抗なく描けることがしばしばである．また，"雲"は心の裂け目を覆う柔らかいものとしてのイメージがあるのかもしれない．そういう場合には，それらを描くという行為自体が治療的になるだろう．

　また，なぐり描き法で雲を示すこともあれば（第3章図22参照），空の描画において枠ありのあと枠なしで描いてもらうと，雲が，たとえば人の形のような，ある形象を帯びたものに変形することもある．「雲」の描画法は，なぐり描き法と関連性があることが窺える．一方，色彩分割法で入道雲を思わせる分割を行う症例もある．すなわち，「雲」の描画法は一種の色彩分割法でもあり，そ

れに膨らみや立体感をもたらしたものであるとも考えられる。「雲」は枠で囲まれた「空」という「閉じた空間」のなかに別の「閉じた空間」を作るということを意味しており，彩色の段階にて空間に色を塗り込めたり，雲に混色を施すことで，そこに厚みや奥行きが加えられ，空間そのものの存在も感じられるようになる（第3章図37参照）。さらにそこに，鳥や飛行機など具体的な事物を加えることで画面上に"時間"をも描き入れることができるのである（第3章図35参照）。これらはすべて，治療的な意味をもっていると考えられる。太陽，月，星も「閉じた円環」「閉じた抽象記号」としての意味合いをもつ。

星は，輝き・明るい・生きるというイメージを与え，心のなかに残っている生命力の象徴でもあり，生きてゆくエネルギーを具現化させたものといえる。描くこと自体で自己の生命性を感じうる場合には，治療的になるだろう。また，星空・宇宙には，開いた無限の奥行きがあり，星は動かず，そこには，"時間"を超越した世界がある。

先の章（第2章）でも述べたごとく，ある10代後半の統合失調症症例は，木は描けたが，「では森は？」と問うと描けなかった。おそらく，その患者は，森を全体としてのみ捉えるだけで，森を要素に分けたり，その要素間の関連の総体としての森というものを考えることができなかったのだろう。しかし，その人も，森を部分に分けて，まず木を1本描いてもらい，さらにそこから派生して関連表象を促す形で，他の木，花，道などの項目を加えて，一つの全体を構成するようにもってゆけば，森を描くことができた。風景構成法は，項目を順に与えることで，実はこの過程を無言のうちに促している。徴候性優位のなかで，統合失調症の人は一つの微妙な変化から即座に全体を読み取ろうとするわけであるが，風景構成法が治療的であるといえるのは，まさに項目間の関連表象を一つ一つさりげなく導くからであり，さらにそのあとで患者自ら距離をおいて見ることで，それを補正することができるからであろう。

おそらく，統合失調症の人にとっては，全体的なテーマを与えたのちに項目一つ一つを部分として与え，その適切な関連づけを通して全体を構築するような構成的な描画誘導法は，治療的となりうるのであろう。すなわち，風景構成法をはじめとする構成的描画法は，構成的空間のもつ治療的側面を強化し，それを介して，ウジェーヌ・ミンコフスキーMinkowski, E. のいう「明るい空間」の再構成を促すものとして，その存在意義を有していると思われる。芸術療法の種々の手法は，こうして，精神病理と表裏一体となって，表現病理を湧出さ

せる。その目的は，表現病理学という観点から光を照射することによって，精神病理像の可視的経路を供給し，それを治療へと導くことにある。

　「森」の例に戻りたい。ここで取り上げた「森」は，"過具象化"のところで述べた「川」と同じなのかもしれない。総体としての「森」が浮かばないのは，"過具象化"によるものであろう。そうであるとしたら，その時には，描けるまで要素化し，「要素の次元を下げてゆく」ということが大切であろう。これは，もう一つの拡充法の方向性を示唆していると思われる。

第6章
風景画の臨床表現病理

1. 表現病理学からみた
統合失調症患者の「生きられる空間」について
──ミンコフスキー再考へのプロローグとして──

　ウジェーヌ・ミンコフスキー Minkowski, E. はその名著『生きられる時間』のなかで，精神障害の空間−時間的構造を取り扱っているが，その最後の章「生きられる空間の精神病理学のために」において，"統合失調症の空間論"に言及している。これは，三部作を構成しているその第一の書『精神分裂病』から引き続き語られているテーマであり，第三の書『精神のコスモロジーへ』において，その空間論・宇宙論は汎化し，哲学的断章として拡散・昇華してゆく。ここでは，その「生きられる空間の精神病理学のために」をミンコフスキー再考への足掛かりとし，症例を交えながら，表現病理学の視座からみた統合失調症患者の「生きられる空間」について考察を加えたい。

　まず，『生きられる時間』の最後の章である「生きられる空間の精神病理学のために」を要約してみよう。ミンコフスキーは，「幾何学的空間」に対する「生きられる空間」を「生きられる時間」との関連のなかで定義している。
　生きられる持続の観念・生きられる時間が存在するように，生きられる空間も存在する。空間はわれわれにとって決して幾何学的な諸関係に還元されるも

のではない。幾何学的な関係とは，好奇心の強い観客や学者の立場に立って，あたかもわれわれが空間の外にいるかのように組み立てるところの関係である。しかし一方，われわれは空間のなかで生き，そして行動している。生活は空間のなかで繰り拡げられるが，固有の意味での幾何学的延長を必要としない。むしろ，生きるための延長や展望をわれわれは必要とする。こうして生きられる空間・非合理的空間・非数学的非幾何学的空間の問題が，われわれに対して提出される。

　距離という現象は，「空間あるいは時間の二つの点を分離する間隔」と定義できるが，またまったく別の側面ももっている。質的距離あるいは「生きられる距離」である。それは生きられる空間の構成要素の一つで，われわれと周囲の生成との接触は，われわれを互いに結合している「距離」を越え，あるいはこの「距離」に助けられて実現される。そして，われわれ自身の生活や他の人びとの生活が繰り拡げられたり，周囲の生成との接触が生きられる距離を介して行われるのは，視覚空間（生理学的な意味ではなく，現象学的な意味で），より正確には，視覚空間の明るさを背景にしてなのである。

　一方，暗い夜・完全な闇はわれわれの前にあるのではなく，すっぽりとわれわれを包み，深くわれわれの全存在に浸透し，より親密にわれわれに触れる。視覚空間の澄んだ明るさよりももっと物質的であり，もっと手触りのあるものであり，もっと浸透性のあるものである。これらの印象は，明るい空間が形成するのとは全然異なった基盤の上に繰り拡げられており，この基盤は，生ける自我と一種特別な関係にあり，明るい空間の場合とはまったく違った特殊な仕方で，自我に与えられる。

　「距離」という言葉と，「接触する」という言葉とが，この差異を浮彫りにする。聴覚空間も，この暗い空間と同じ基盤を共有している。これらの空間は，われわれを包み，われわれに浸透する。そこには，視覚空間とは異なって，自由な空間も，「傍ら」も，見通しも，地平も，生きられる距離もない。空間の幾何学的概念には画一的なただ一つの空間があるだけだが，空間の現象学的分析では空間のさまざまな形式，空間性のさまざまな変種が問題になる。

　統合失調症患者では，感情的色彩を帯びている事件や人物が，生きられる距離とか生の広がりと呼んだものの上に投影され位置づけられることがなくなり，空間のなかで，いわば近づけられ，濃縮され，凝縮されている。それらは，それらを互いに溶け合わせ，収縮せしめ，いわば一つの球に固めようとする，あ

る力に支配されている。それは，生きられる空間における凝縮化の傾向，統合失調症心性の特徴である生の広がりの欠如を表している。そこでは，生きられる距離は欠損し，周囲の生が患者に直接「接触し」，彼と，ほとんど物的なまでに直接触れあっているようにみえる。

統合失調症患者における空間の凝縮化の傾向・生きられる距離の欠損は，生きられる空間との関連において加えられた深刻な損傷の観念的表現である。そこでは，心的生活の形式の深い変容が問題になり，幻覚は現実の知覚に重なり合う。知覚の領域に，健常な世界と病的な世界という，いわば二つの異なった世界が存在する。病的な世界は，健常な現象を損なって形成されるのではなく，それはむしろ健常な現象の上に積み重ねられる。互いに解離しているが相互に重ね合わされた二つの世界が存在するのである。病的な世界の特殊な構造とは，生の広がりの減少・諸事実の凝縮化により，病的な現実が，はっきりとは限局されず，あらゆる側から患者を包んだ状態である。病的な世界は患者のうちに浸透し，境界が消え失せるほどに内的な接触が，病的な世界と患者の間に存在する。

ところで，正常な意識において，構造上，統合失調症患者の病的な世界の骨組に対応する現象を追求してみると，空間を生きる二つの仕方，すなわち「明るい空間」と「暗い空間」が浮かび上がってくる。これは，物理学的・生理学的諸条件を一切捨象し，現象学的地盤から，空間に対する態度に関わりをもつ二つの現象の本質的性格を浮彫りにしようとしたものである。この二つの現象をいわば最も純粋な形で現実化したものが，昼の明るさと闇夜の暗さである。

明るい空間には，明確な輪郭をもった対象があり，それらを相互に隔てる距離があり，それらを空間的にもっと密接な関係におく「傍ら」がある。対象だけでなく，それらの間にある空虚な空間，自由な空間を見ることができる。明るい空間のうちには延長があり，そこにある空間は，対象（物質性という点において空間を凌駕する）に対し，形式と背景の役を果たしている。この空間においては，すべてが明るく，明確で，疑問の余地がない。この空間を特徴づけているのは，距離，延長，広がりの諸観念である。

それに対し，暗い空間は，もっと物質的でもっと「内容の詰まった」ものである。われわれの前に広がるのではなくて，直接われわれに触れ，われわれを包み，われわれを抱きしめ，われわれの内部に浸透し，われわれのなかを通り抜ける。自我は，暗闇に対しては自己を主張せず，それと融合し，それと一体

化する。そして，物音・観念のざわめき・諸感覚の徴候的要素集合体が事物や人びとに関連づけられるやいなや，暗い空間には，明るい空間に由来する諸表象が導入され，暗さの程度が和らげられる。暗い空間には，傍らも，距離も，表面も，延長もない。それは，聴覚空間に最もよくなぞらえられる。音にとっては，傍らも，距離も，延長もない。音は，いわば音源とわれわれとを隔てている全空間を充たしながら，われわれのところまで到達し，われわれのなかに，われわれの存在の奥底にまで浸透し，いってみれば，この空間とわれわれ自身とを一様な音の領界に変え，われわれを巡る環境全体とともに，共振する。

　健常な生においては，明るい空間と暗い空間の二つの空間は互いに非常にうまく調和し合っている。明るい空間は暗い空間に囲まれているとか，そのなかにはめこまれているという表現で語られうる。一方，統合失調症患者の病的な世界は，暗い空間の様式によって構成されているといえる。すなわち，そこではこれら二つの空間が重なり合う。暗い空間は，すっぽりとわれわれを包み，明るい空間よりもはるかによく浸透し，内部と外部との区別や外的知覚に向けられた感覚器官は，そこではまったくつまらない役しか果たさなくなる。

　以上をまとめると——「生きられる空間」は，健常者の意識層において，二つに区別される。「明るい空間」と「暗い空間」である。明るい空間は距離により規定され，視覚空間になぞらえられる。一方，暗い空間は手触りに類似され，聴覚空間や触覚空間になぞらえられる。健常者では，明るい空間を暗い空間が取り囲んでいるが，統合失調症患者では，明るい空間と暗い空間が不調和になり，混じり合う——ということになる（図1）。では，統合失調症患者における生きられる空間は，表現病理学的にみるとどうなのであろうか。ここで，一つの症例を挙げて，考察を進めてゆきたい。

2. 症　　例

　その人は，ある病棟の片隅にいつもひっそりと佇んでいた。生まれながらに両眼球をもたずに育ったその人は，一体どんな人生を携えてそこに佇んでいたのだろう。もう70歳を迎えるその人の病歴は，何十年という膨大な時間をその病棟で過ごしてきた人の病歴であるがゆえに，形骸と化し，もはや著明な精神

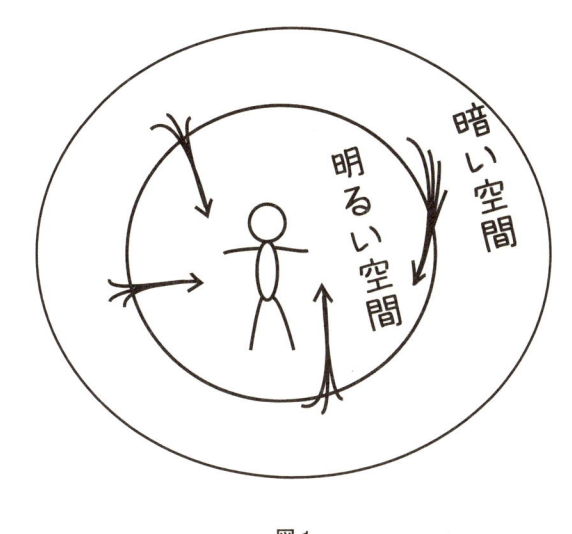

図1

症状の記載もなかった。ただ奇妙な要求（それはその人の人生とその長い病棟生活が作り出したものかもしれなかったが）といくばくかの心気的訴えが，いつもページを重ねるだけで，窺える人格構造の偏倚は，老年期の器質的な変化を示しているのかもしれなかった。しかし，確かに著明な精神症状を示した時期があったと，その病院に開設当初からいる看護スタッフの一人は話した。何十年も前であるとするなら，その精神症状は，統合失調症性のものであったかもしれない。だとしたらその病相期には，その人は両眼球をもたずに育ったその身体で，どんな世界を周りに感じ，どんな時空を生きていたのだろうか。ひょっとしたら，今もその時空の断片を背負って生きているのであろうか。

その人は，いつも他患の身体を揉んで他者との接触をとっていた。身寄りも帰るあてもなく，「年寄りのたくさんいるところで安心したい」「病院に老年期病棟ができたら，替わらせてください」と，いつもステレオタイプな応答をし，存在感を与え安心させてくれる人を望んでいる様子であった。平衡感覚は乱れ，後ろから人が近づいても気づかず，壁に頭をぶつけ，誰もいない空間に向かって喋りかけていた。一般の盲目の人に見られるような他感覚の代償性の昂進も，彼にはなかった。他患が自分の病棟に転棟してくると，その人に巻き込まれそ

うになり，その人の喋ることを聴いたりしていると，突如いやな気持ちになってイライラし，その人との関係で妄想的になった。

盲目の人は一般に，他感覚の代償を介して，自己の周りに明るい空間を形造っている。しかし彼は，明るい空間を造れなかったのだろう。暗い空間が不調和に入り混んで，自己の周りを包み込んだままで世界を認知してきた人だといえるのかもしれない。諸感覚系の均一化によって，自己意識は周りの環境に埋没され，存在感覚は形成不全に陥り，不連続な自我像・曖昧な自己身体イメージ・瞬間的な存在感埋没状態が彼を襲った。音楽に酔い，自分の弾く琴にもフラフラして瞬間的に意識を失いそうになった。声や音だけの夢をみ，夢に疲れると訴えた。姉についての夢は，夢の感じが熱く，匂いと声の夢だと述べたので，彼に姉のイメージを粘土で作るように促すと，自分の手にそぐう粘土の塊（ただ塊だけ）を作り，姉が手を持ってくれている感じを表現したと説明した。触った感触が姉なのだと語った。一般的に，盲目の人は，視覚を圧倒的に凌駕するような触覚・内部知覚優位の造形を作る傾向にあるが，彼はただ塊しか作れなかった。

彼にとっては，靄のようなもののなかから伸びてくる手の感触と，自分の身体や皮膚に伝わってくる温もり，そして聞こえてくる声や言葉，それらが人というイメージであった。そして，自己の身体像の中心には頭と口があり，手とか腹は「ちょっと遠い所で何かが起こっている感じ」であり，それが頭や口に響いてくるのであった。身体内の感覚は振動を介して伝わった。ものに手を触れることにより，遠くで触覚が生じ，それが響きを通じて伝わり，頭とか口とかに繋がっているという感じを与えるのであった。

この患者は，人のイメージを「雲や靄のようなもののなかから出てくる手や聞こえてくる声」として捉えていた。聴覚空間優位の世界，すなわち暗い空間に囲まれた世界に住む人にとって，"明るさ"は手の感触や聴覚を通じて得られるものなのではないだろうか。それは，統合失調症において「雲のようなもやもやの彼方（本質特性の"雲"）から聞こえる声」としてクラウス・コンラート Conrad, K. が描写したことにも繋がるだろう。この症例の生きられる空間は，暗い空間の様式によって構成されていた。声は，「もやもやとした雲のなかから聞こえる声」であり，そこから差し出される手は，粘土の手触りが象徴するごとく，暗い空間を明るい空間に変える要素を凝集した，実際に触れることのできる実体的な対象なのであった。

つぎに，ミンコフスキーの提示した統合失調症の空間論に触れよう。ミンコフスキーの記述した特質が，表現病理学や芸術療法の観点からは，どのような形で表出してくるかを考えてみたい。統合失調症患者は，生きられる空間をどのように感じ，暗い空間と明るい空間のなかをどのように彷徨い生きているのだろうか。粘土だけでなく，描画表現の世界でも，生きられる空間の変容を象徴するような変化が示される場合がある。統合失調症圏の人の描画上の特徴をもとにして，さらに話を進めてゆこう。それは，ミンコフスキーの精神病理学の，描画空間における検証でもある。

3. 統合失調症空間の表現病理

　明るい空間は視覚空間になぞらえることができる。そこでは図式的認知が優位になっており，心理的空間のなかでそれは，外的空間の性質を帯びた構成的空間（地平線と眺望を予想させ，距離は明確に定義され，外枠の存在によって中心・周辺，上・下，左・右が構造化された空間）へと結びついてゆく。暗い空間は聴覚空間・触覚空間になぞらえることができる。そこでは徴候的認知が前景化し，図式性はむしろ背景に退いている。そしてそれは，心理的空間のなかで，内的空間の性質を帯びた投影的空間（奥行きや地平あるいは眺望を欠き，距離は浮動的で，前ゲシュタルトが充満している空間）へと繋がってゆく。描画空間上に表出される場合，健常者では，構成的空間は明るい空間により充たされているが，統合失調症の人では，すでに外界の認知の段階で明るい空間が暗い空間に侵蝕されており，その侵蝕像の断片が構成的空間のなかに描出されることになる。以上のことを踏まえて，統合失調症圏の描画上の特徴を列挙してみよう。

　まず，急性期などの表象機能がうまく働かない時期には，そもそも何も描けないという状態が起こりうる。あるいは，与えられた具体的な項目を思い浮かべられず，項目を指定すると空白に象形文字のようなものを描き，それ以上描けず，空白のみが画面に漂う事態が現れる。また，表象機能がまばらに残存している場合には，いつも描いている好きな絵をマンガ的に描いたり，なぞり絵・ぬり絵を行ったり，簡単な図形的記号的なもの（安心や寛ぎを与える雲なども含めて）を描いたりする。

一方，急性期を過ぎた時期でも関連表象（原点にある心像から切り出されたそれぞれの感覚像に関連性をつけ，一連の文脈を構成する表象過程）がうまく働かない段階では，場合によって，以下のような種々の事態が現出する。

1）視点が宙に浮いて定位できない，すなわち，上下関係がつけられなかったり，地面との関連がつけられなかったり，描かれるべき風景との繋がりがもてなかったりする。
2）与えられた具体的な項目は思い浮かべられても，その項目間の関連を思い描けない。
3）空間のなかに存在する有形のものを描くだけで，残った空白部分への進出（その空間自体を塗りつくすなど）ができない。
4）それまで描いたものと関連させて新しい項目を創造してゆくということができず，関連性のない奇妙なものを描いたり，場違いな抽象化（風景のなかにみられる記号化された人間など）が起こったりする。

こういう現象は，「生きられる空間」における凝縮化の傾向，「生きられる距離」の欠損のために，因果関係の連鎖に一種の短絡が生じたことによるとも考えることができるだろう。

統合失調症圏の人たちが描く構成的描画空間における特徴としては，まず，人・雲・星などの項目の記号化・図形化が挙げられる。これは，生きられる空間の崩れと幾何学的空間の前景化を示していると考えられる。こうしたことは，ミンコフスキーが『精神分裂病』のなかで著した「病的合理主義」や「病的幾何学主義」を示唆するものとして理解できる。また，急性期では，項目の浮遊化，空間の空白化がみられる。この空白の多さは，その後の経過においても急性期の残存を示す指標として用いられる。

非妄想型・破瓜型では，陰影づけや色彩距離効果（色彩により奥行きや距離感を出すこと）がなく，描かれたもの相互の間の空間が表象されず，塗られず，幾何学的な隔たりのなくなった感じになり，描かれたもの一つ一つが浮遊した印象を与える場合がある。その形式は，暗い空間を暗示したものといえる。その極端な形式として構成放棄像（まるで文字を書いてゆくように，川・山・田……と項目の絵を描き並べてゆく）を呈することもある。非妄想型にみられる構成放棄は必ずしも病勢の増悪を意味せず，かえって臨床的安定化と対応する

ことが少なくない。決断を必要とする場面を回避し，指示どおりに生活する限り，破綻をみせないことが多い。また，風景構成法にて構成放棄を示す例では，天象の描画において紙面の一部に小ぢんまりと下の景色をも含めた空や星を描く（紙全体を使えない）ことが多いが，このことは，構成放棄の状態がある種のまとまりをえた安定化した状態であることを表しているとも考えられる。

　妄想型では，空間の裂け目や，砕かれたガラス様の空間が描かれたりする。空間の距離は潰乱し，描かれる一つ一つの項目には，大きさなどの不整合がみられ，キメラ的多空間が現出してくることになる。ものも空間も等質にべっとりと塗られ，塗られた空間自体が妄想的関連で繋がっているように見える（第8章図5.2, 5.3参照）。記号化した項目も周りの空間も，まるで同じ密度であるかのようである。これは，空間における凝縮化のある種の形態であるといえよう。また，妄想型の不整合性は，臨床像の改善と平行して漸減するのがふつうであるが，高度の寛解時にも多少の異色性や地平線の歪み，あるいは遠方の大きな花など小さな特徴を残すことがある（第2章図4参照）。以上の描画空間上の特徴は，おそらく明るい空間と暗い空間の病理的関係に対応するだろう。すなわち，明るい空間の崩れ，両空間の不調和・混交を示唆していると考えられる。

　回復経過とともに，こうした描画には，画面の上下の出現，天地間の関連の現れ，空間の彩色，具象性に富んだ絵の出現，陰影づけ・混色・色彩距離効果の現れなどがみられるようになる。空間は生の広がりを取り戻し，明るい空間は修復され再構成される。

　われわれは皆，生きられる空間のなかで生きている。それが崩れ，失調し，幾何学的空間にのみ自らの存在感覚が埋没すると，病的合理主義・病的幾何学主義に陥り，描画上の極端に先鋭化した幾何学化・記号化・図形化・抽象化が起こる。そこからの回復には，明るい空間の再構成が必要なのだろう。明るい空間は，距離により規定され，距離を媒介として世界を可視的にする意味合いをもち，構成的空間へと繋がってゆくものである。それゆえに，風景構成法をはじめとする構成的描画法（全体的なテーマを与えたあとに項目一つ一つを部分として与え，その適切な関連づけを通して全体を構築するような描画誘導法）は，構成的空間のもつ治療的側面を強化し，それを介して，明るい空間の再構成を促すものとして，その存在意義を有していると思われる。

このことを表象機能の病理という観点から捉えてみよう。明るい空間は，関連表象の成り立っている（健全な表象化の成立している）空間であり，健常人は自らの周りにその空間を漂わせている。暗い空間は，健常人では明るい空間の周りを囲んでいるが，統合失調症の人においては，この二つの空間が不調和になり混交しているために（本章図1参照），彼らを包む生きられる空間は，関連表象の不全な，個々の事象の繋ぎ合わされない（健全な表象化が成立していない）空間となる。それゆえにこそ，対象だけではなく，その「傍ら」にある，それらを相互に隔てる「距離」や空間的「深さ」（奥行き）を表象できるようになるということは，ミンコフスキーのいう「暗い空間の様式において構成されている病的な世界」からのある種の"回復"を意味しているということになる。それは，第5章における考察や「雲」の描画法の意義に繋がるものだといえよう。

4. 種々の疾患についての風景画

　第1〜3章，とくに第3章において述べたこととも多少重複するが，ここに統合失調症以外の種々の疾患における風景画の特徴をもう一度まとめてみたい。
　統合失調症圏の人の描画に比べ非定型精神病の人の描く風景は，より整合的で現実的なものが多い（図2）。空の風景では，下方に風景を描いたり，アドバルーン，風船，飛行機，鳥など具体的なものを添えるなど，具象性に富んだ（すなわち現実に根差した），多様で，より内容の豊富な絵を描くことが多い（図3,4）。空間もきっちりと塗られる。
　器質性精神障害の場合，空の風景では視野が下に開けており，下方をあけて上に詰めて描いたり（図5），具体的な事物を付加して描いたりする。チリヂリした，まるで電気が走っているような木々や山を描くこともある（図6）。
　気分障害（躁うつ病圏）の人の描画は，重力の方向性が画面に感じられる。躁では鳥瞰図的，鬱では視点が下がり虫瞰図的になる。色づかい，彩色範囲などにも変化がみられる（図7）。
　嗜癖者の描く風景は，心理的に重要な事物（とくに人，木，家など）を遠方に置き，それらを透視法の要求する程度よりも小さく描く。全体として，現実が遠のきつつある印象を与える。家，木，人などが複数個存在し，そのすべてが画一的並列的で，とくに目立ったものがない。嗜癖者の描く人間は「働く人」

図2
26歳,男性,非定型精神病:現実的・具体的な風景(回復期のもの)。整合性が保たれ淡い色彩である。

図3
38歳,女性,非定型精神病:空の風景。下方に海と船が描かれ,空間はべっとりと塗られている。

図4
27歳,男性,非定型精神病:具象性に富んだ宇宙空間。三つの星が重なっており,空間もきっちりと塗られている。

図5
42歳,女性,膠原病(MCTD):空の風景。空は水色,下方は空白で大きくあけられている。

であることが多い。破瓜型の人なら抽象化する人間や木や家を,小さく描き遠くに置く。具体的な世界のなかに留まり,抽象化の方向をとることがない。

いわゆる統合失調症接枝型では,棚つみ空間現象といわれる,棚に積んだように遠景近景が上下の関係に置き換えられる描き方がみられる。

いわゆる境界例では,大きな溢れんばかりの川を描いたり(図8),黒い川を描いたり,多重に遠くまで連なった木々を描いたり,人物を黒く塗り潰したり,描いた絵を彩色の段階で塗り潰したり違う絵にしたり(図9),黒い救急車など

図6
35歳，男性，頭部外傷後遺症：チリヂリした，まるで電気が走っているような木々と山。

図7
37歳，男性，躁うつ病（躁期）：黄緑の山，黄色の田など色彩が鮮やか。太陽は中天にあり，彩色範囲が限定されている。

図8
26歳，女性，境界例：大きな溢れんばかりの川が印象的。山は今にも噴火しそうである。人は記号化し，黒く塗られている。

図9
28歳，女性，境界例：雨の空を描くも，彩色の段階で空間の裂け目を描く。真っ暗闇と熔岩が流出せんばかりの空間。

の不気味な付加物を付け加えたりなど，内面の攻撃性，一貫性の無さ，衝動性，人格の多重性を暗示する描画が多様に描かれる。

　神経症の人の描画は，精神病群に比して格段に現実的な絵が多く，具象性に富み，陰影づけや混色を行う（図10, 11）。視点の多様化もみられ，内容が多彩で，絵についての説明も盛んであり，空白を塗る・塗らないは，むしろ図像上の効果をみて決めているようにみえる。構図や形式よりも表現内容の読み取りが大切である。

図10
21歳，女性，神経症性抑うつ：具象性に富んだ風景。本人の訴えよりもずっと力強い絵である。

図11
26歳，男性，強迫神経症：空の風景で，南方の島を描いた。沈む夕陽の陰影，風の流れが印象的。

5. 風景画のもつ治療的意味

　上述したごとく，上下左右や奥行きを描画空間のなかに感じてもらう構成的描画法では，精神的視野の枠づけや方向づけが供給されることによって，イメージの自己治癒性が強化されることが期待できる。ここで大切なことは，意味の少ない絵こそが描き手に意味を付随させうるということである。治療者側から特定の意味を押しつけないで，その人なりの，できうる限りの意味を，心のなかで温め，増幅し，空間や時間や言語の構造を取り戻してゆくことが重要である。
　同様に考えると，無地のカンヴァスの上に上下左右や奥行きという構造化された空間を形造ってゆく一般の風景画も，それ自体，多少とも治療的な力を内包しているといえるのではないだろうか。

第7章
拡大風景構成法の展開

1.「論文が書けない」ある大学院生の治療経過
──絵画療法過程を中心にして──

症例 初診時27歳の男性。内服薬が一定化し、ほぼ言語的表出が一段落し、面接が定式化したのちに絵画療法、次いで箱庭療法という非言語的な治療法を導入した症例

主訴 「論文が書けない」、他に種々の身体的な訴え。
家族歴・既往歴 3人同胞の次男で、身体が弱く、幼い頃からよく下痢がみられた。
生活歴 中学時まで、いじめられっ子であった。某大学の受験に不合格となり、大学浪人中に家庭内暴力が激しくなり、家のなかの物を壊したりした。次の年も受からず別の大学に入学となった。4年間で卒業を果たしたあと、希望していた大学の大学院に行きたいと大学院受験し、修士課程へ入学し、修士2年卒業後に、当初からの念願であった研究室の博士課程に入学した。初診時は博士課程3年目で、塾のアルバイトもしていた。
現病歴 初診の1年くらい前から、「論文をまとめようとしても、その度に指導教授から心理的ダメージを受けることが多く」、論文をまとめられなくなった。以前から「周りの人に圧迫をかけられており」、初診2カ月前から研究室

のゼミには出席しなくなった．論文が書けず，不安状態で，退学届を出したいと訴え，受診となる．「対人関係が苦手で会社社会のような人間関係のなかでは生きてゆけない，友達がいない，体力もない，やる気も出ない」などと訴えた．

経過　当初，「物事に非常に感じやすい体質なので，相手の小さな一言が引っ掛かったりする，心臓のあたりがズキズキする，便秘と下痢の繰り返しが起き1週間に2～3回は下痢をする，熱がよく出る，将来に対する漠然とした不安や不眠傾向がある」と述べた．睡眠時の夢は非日常的な内容が多く，たとえば，未来社会で，ビルの群れの瓦礫の下でボロボロの服を着て震えているような夢で，「夢のなかでも何となく孤独なんです」と語った．種々の衝動的な行為がみられたが，面接（言語的なもので，本人からの表出が主）と薬物療法により，徐々に上記の症状は改善，「前みたいに興奮しなくなったし，感情を抑えられるようになった」と告げた．それ以後，研究の内容，指導教員の思い出，教授との出会い，父との関わり，修士時代のことなどを面接の度に話すようになった．休学届を提出し，塾を中心とした生活になっていった．

夢の内容はその後，エロチックなものから現実的なものへと移りはじめ，よく知っている人が横に座って何か話していたりするような穏やかな夢へと変わっていった．追いかけられるような夢はなくなり，とくに記憶に残らなくなった．休学後は家で論文作成の準備を始めた．下痢は減少し，他の身体的な訴えもなくなっていった．自ら話すことがほとんどなくなり，言語的な表出が一段落して，面接が定式化してきた時点（初診後9カ月）より，絵画療法を導入した（週1回の割合）．

やがて塾も辞め，その頃から論文作成も軌道に乗りはじめた．5カ月後，さらに箱庭療法も併用して導入した（週1回の割合）．

次第に生活のリズムが整ってゆく．調子を崩す前に手がけていた箇所をまとめ終わると，残りを2カ月で一気に完成させ，初診後2年余にして論文を提出するに至った．論文を提出した時点で，「父親を殺す」夢をみた．このあと，父との関係性がゆっくりと改善されてゆくこととなる．予備審査が終了した段階で，「僕は人生を間違えたのではないかと反省している」と述懐，その後，女の人とデートする夢をみた．さらに，本審査前の論文提出後には，大学についての象徴的な夢をみる．学位論文については，「勝ったという感じがしている」と述べ，下痢もほとんどなくなり，本人の苦痛にはならなくなった．

症例の病理についての考察

鑑別診断としては，人格障害，いわゆる境界例，アパシー症候群，適応障害または反応性精神病などの可能性が考えられる。人格障害としてみると，呈した症状，表情の固さ，面接時の定式性，空想性，夢，被害的にとりやすい傾向などから，Schizoid Personality Disorder が最も妥当であろう。

本症例で用いた絵画療法について

本症例についての絵画療法は，神経症圏，精神病圏，二つの方向性をもつ絵画療法の両方を併せ持ったものとなっている。あまり意味を押しつけない，意味に迫られない描画としては，樹木画，色彩分割法，なぐり描き法，風景構成法，拡大風景構成法，誘発線法，拡大誘発線法などを用いている。「拡大風景構成法」は，風景を描いたのちに，別の紙に空を，さらに星空・夜空を描いてもらう技法である。これは，精神的視野を地象から天象へと広げ，重力感覚や，上下左右感覚などを促進させ，構成的空間のもつ治療的側面を強化することを意図して作られている。今回は，もう一つの拡充法として，風景構成法の地象の部分で，気に入った箇所を拡大して別の紙に描いてもらうという技法を導入した。

本症例における絵画療法の経過

本症例における定期的に行われた絵画療法において，それぞれの技法の絵が，上述した経過に伴い，初回に描かれたものから，どのように変化していったか，ということについて報告したい。「色彩分割法」では，最初はレンズや算盤の珠などの硬いものを描いていたのが，波を描くようになった。「誘発線法」「拡大誘発線法」では，恐竜，竹とんぼ，土星や，土気色をした死人のような人を描いていたのが，徐々に人物反応が現れ，肌色をした人間の顔や豊かな表情が描かれるようになっていった。「なぐり描き法」では，乳房や肋骨といった解剖反応様の描画や，ヘビの胴体，もしくはなぐり描きを描けず固いイメージの題材（虫や貝など）を描いてしまうというような状態から，布団，旗，ソファ，布などを経て，徐々に人物像が出て来るようになった。なめらかななぐり描きも出来るようになり，最後には，ヘビが鰻の蒲焼へと変化した。論文審査後には，波の下から船が出帆してゆくのを見ているといった象徴的な内容のものも現れた（図1）。

「風景構成法」では，あまり著名な変化を示さず，項目が地象に根差さず浮遊

図1

図2

図3

図4

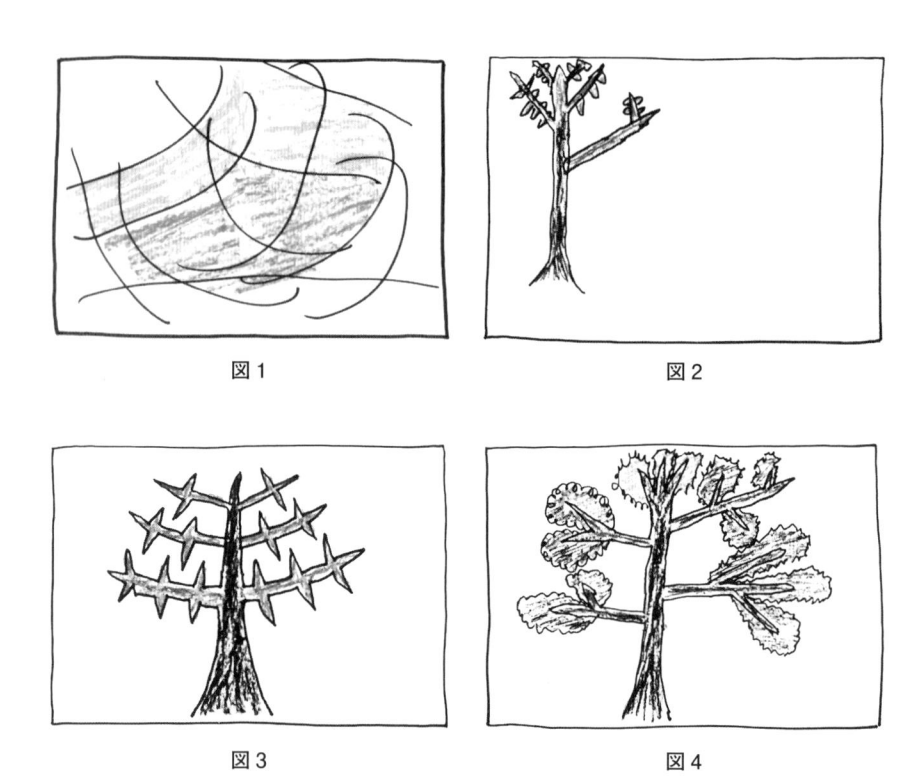

している印象のものが多くみられたが，「拡大風景構成法」における天象の描画は，単調ではあるけれども，具象的な天空を描いた。「地象の拡大」では，初回は木の部分を拡大，その後は動物を好んで拡大し，山，やがて，表情の優しくなった動物，さらには，人物を選んで描くようになっていった。本審査を受ける直前に，初めて「自由画」として描かれた女性の絵は，視線が厳しいが，審査が終わったあとの絵では，それが優しい視線へと変わった。「樹木画」では，初期には，幹や枝の先が尖っていて攻撃的な感じが窺われた（図2，3）。刺々しい幹や枝を被うように葉が茂ってゆき（図4），やがて治療が進むにつれて，柳のような柔らかい木を描くようになった（図5）。そして，論文が仕上がって審査に通ると，再び豊かな葉が上方に向かって広がってゆく（図6）という経過を示した。この時期，「色彩分割法」でも，咲き誇る桜の木を描いたのが印象的であった。

図5   図6

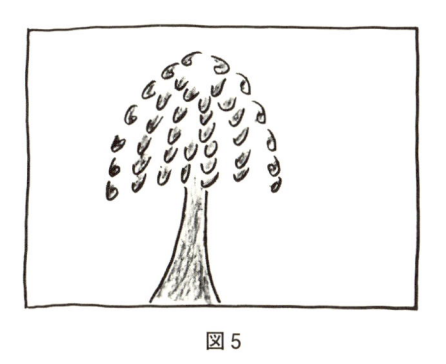

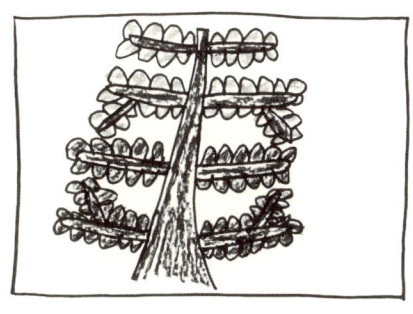

2. ある留学生の風景構成法の変遷 注1)

　最近の地球上の政治社会的な変化，たとえば，ドイツの統合，ユーゴ問題，南アフリカ，アラブとイスラエル，IRA（アイルランド共和軍），ソ連の崩壊とロシア，中国の変化，カンボジア問題などがわれわれの領域に与えた影響について考えるとき，日本国内に関する限り，地理的な特徴も国民性もあるのか，精神科外来や精神病院における日本人患者の絵画や造形に大きな変化は未だ見られない。しかし，日本国内においても，外国との接点にあたる部分には，種々の問題が生じている。
　過疎化した農村に嫁いだフィリピン女性の苦悩，ブラジル日系移民の子どもたちの日本への就労を目指しての再帰国に際して生じる不適応など，これから報告されてくるだろういくつかの現象がある。
　フィリピン花嫁やブラジル日系移民の子どもたちの風景構成法は，キメラ的に，日本のその土地の景色のなかに自分の故郷の景色が混在している場合が多い。家だけが故郷の家であったり，山の彼方，太陽の出る麓に故郷が見えると

注1）この2.の論考は，1995年 U.S.A. ハーバード大学で行われたアメリカ表現精神病理学会 ASPE: The American Society of Psychopathology of Expression の大会にて講演発表した"Characteristics of Art Therapy for Recent Foreign Students in Japanese Universities and Colleges"を論文化したものであり，内容の主要な部分は，1980年代後半から1990年代前半の激動の世情に根差した論考である。

かの特徴がある。

筆者は，一般の保健所などの相談業務だけでなく，複数の大学などで大学生の精神保健相談に携わってきた経緯もあり，今回は，日本の大学への留学生の問題を取り上げ，上述した地球上のグローバルな変革が彼らにどのような影響を与えているかについて若干の考察を加えたい。

近年，日本の大学における留学生の数は急激に増えつつある。とくに，アジアやアフリカからの留学生の数が増加している。この現象はおそらく，地球上のグローバルな変革にもとづくものであり，国際的な文化交流の嵐とそれに伴う日本の産業や文化の急激な流出のなかで，移民や難民の日本への流入が増えていることと関連があるだろう。こうした最近の留学生たちは，たいていは，政府高官であったり，自国の巨大企業の社員であったりする。彼らの社会的地位は高く，学歴も高い。彼らの多くは日本に，修士や博士の学位を得るためにやって来るが，日本語を充分にマスターしていないことがしばしばである。

日本語や日本文化の特殊性からか，こうした留学生たちは，不適応を起こすことが多い。しばしば彼らは，心因反応や反応性精神病，鬱病などに陥り，大学の精神保健相談を訪れ，自らの置かれている状況から生じた不適応症状について訴える。

筆者は，こうしたケースのいくつかを紹介し，言語的精神療法に対するものとしての芸術療法の役割について考察してみたい。彼らの描く描画は，彼らの話す言葉より以上に言語的で，ストーリーに満ちている印象を受けるのである。

a. African

アフリカからも年々日本への留学生が増えているが，このケースは，某国の国立大学講師で，国費で留学したが，円高のため，生活費のためのアルバイトをしなければならなかった。自国での身分とは桁違いの内容のアルバイト，自国での生活とは桁違いの部屋での生活などが彼を追い詰めていった。しかも，彼はU.S.A.で修士をすでに取っており，日本で博士を取ろうとしていたが，日本語の勉強をしないで来日した。その後も決して日本語を修得しようとはしなかった。やがて，一緒にやってきた妻との不和も生じ，そして彼に親切にしていた研究室の同僚たちは，すべて彼の妄想のなかに取り入れられていった。

帰国の旅券が来ないという事件が発端となり，自国の大学で人事の陰謀が行われており，日本も大学もすべてが，ぐるになって自分を陥れようとしている

という妄想をもつようになる。彼は日本の各省庁へも再三の抗議の手紙を出し，最後は大学の学長室に押し入って，自国へ強制送還となった。

　知的レベルの高い人でも，言語の隔たりがあれば関係妄想に巻き込まれる。U.S.A. では適応できた人が，なぜ日本で不適応を起こしたのか。日本側の留学生受入れの問題がまだいろいろあるのか，日本の文化や言語の修得の難しさが原因なのか，いろいろ考えさせられた。ここで，描画を使った会話などがもしできていれば，事態はもっと変わったものとなっていたかもしれない。

b. Cambodian

　1990年代，一人はカンボジアの某省の役人。中国や旧ソ連諸国で研修をしたあと，今までならばなかったことであったが，IMF の基金のもとに日本やニュージーランドでも研修が行われるようになった。家族を伴った数カ月の研修期間中にワープロやタイプを打てなくなり，眩暈などの症状を伴う抑うつ感を訴えるようになる。急激な国の政情の変化，それに伴う役人の留学のストレスも大きいといえるだろう。

　もう一人はカンボジアの旅行会社社長の息子で，プノンペンに住み，かなり裕福な生活を送っていると思われる。種々の政権の交代期にどのように一家が生き延びてきたのかは聴いていないが，高卒後，ウクライナのキエフに留学，寒くて，お金があっても食べ物が買えないという理由で，1年で，一緒に留学していた友達を残し，一人帰国。自国の大学に入って日本への国費留学の試験にも合格し，来日した。彼は，日本語を非常によくマスターしている。不眠，頭痛の訴えで精神保健相談に来所した。

　樹木画では，左に小さく森を描くが，中央に馬に乗った人物を描き，それは狩人である。風景構成法でも，やはり人は狩りをしている。景色のなかに母国のジャングルや草原の絵と，近代的な家屋や道路が描かれている。家は右上にて宙に浮いている。整合性のないキメラ的な描画である。

　彼らには，メンタル的に豊かな，風情のある風景を描く世代もあれば，武器や戦車などを散在的に描き入れる若い世代もあると報告されている。カンボジアの人たちの心の風景は，これからも大きく変わってゆくのかもしれない。

c. Chinese

　筆者の印象では，いわゆる1989年の天安門事件以前と以降とで大きな変化がある。それ以前の留学生は，国費留学生が多く，難しい中国の試験にパスした大学の教員や地位の高い人たちが，中国で日本語をきちんとマスターしてやって来た。家族は中国においてくるため，単身である。日本の奨学金を貰い，アルバイトはしない。筆者が出会った人物は，大学の講師であったが，日本語をよくマスターしていたためか，適応もよく，留学期間を終え，無事帰国して，その後准教授，のちに学長になっている。

　一方，天安門事件以降は，私費の留学生が大勢を占める。彼らは日本語もマスターせず，中国の大学を中退したり，大学を出て企業に勤めていたのを途中で辞めたりして，日本にやって来る。家族も同時に連れてくる。それは，最近の中国政府がそれを許しているということだろうと思われる。本人はアルバイトをしながら生活費を稼ぎ，1〜2年間は日本語学校に通い，日本で日本語をマスターする。こうしたことは他国と違い，中国留学生のグループは，おそらく華僑などの支援組織を持っていて，日本にやって来て以降，いかに大学に籍をおくかのノウハウをそこで教えてもらえるようだ。

　家族は就労して，日本で生活する。2年くらいたって，本人たちは，日本の大学の学部や大学院に入る。彼らの多くは中国では経済的に裕福な人たちのようである。修士を得て日本の企業に就職するか，その先U.S.A.へ渡ることを目標に据えている人たちが多い。現在の中国からの留学の第1位はU.S.A.であるが，第2位の日本はU.S.A.への一つの通過点と考えている人も多いようだ。

　さて，ここに紹介するのは大学院の学生で，中国でも有数の有名大学を卒業し，商社に勤めていたが，退職して日本に渡り，彼が夢見る独自の研究分野の勉強をしている。英語，日本語は達者で，上記の経路で私費留学し，妻と住み，2年間日本語学校に学んでから大学院へ合格したため，年齢的には30歳を越え，修士を取得したあとは，日本での就職を希望している。大学の精神保健相談へは，性格が暗い，仲間と打ち解けない，自分の人生の進路をどうするかなどを相談するためにやって来た。

　いつも過剰にニコヤカで，smiling depressionを窺わせた。薬物は使わず，言語的なカウンセリングのほか，絵画療法を併用し，約2年に渡り経過を追った。その間1回，来日後3年経た時，初めて家族で帰国している。

　彼は絵にメッセージを折り込もうとする印象が強かった。なぐり描き法や拡

大風景構成法などにおいて，研究のテーマや，ロシア人，哲学者，宇宙飛行船などが描かれる。今の自分が置かれている「場」についての絵も多かった。石の雲，ビンのなか，迷路や道などである。描かれる「道」も中国のものが多い。その他,「家」のテーマもいくつか現れている。それは，彼にとって最も重要なテーマであろうと思われる。妻と二人でいつか理想的な家を持ちたいという彼の強い願望が，繰り返し現れる家を題材にした描画から窺える。風景構成法で描かれる風景には，中国特有の山々が広がり，その頂点には赤い寺院がある。そこは理想郷でもある。経過とともに，山の高さは低く，川の深さは浅くなってゆく。

　彼は妻が入信していたプロテスタントに改宗していたが，精神保健相談に来所するようになってから2年目の春，精霊に触れるという宗教的体験をすることで，悩みが楽になったと訴えた。大学の寮に移り住み，日本人学生とも一緒に住むようになる。

　その当時の風景構成法では，麓に教会を描いている。右端は余白が空いており，橋が印象的である。中国の景色ではなく，世界のどこにでもある風景だという。来所2年目の秋，修士過程の研究の進展とともに，日本の企業への就職が決まりはじめた時の風景構成法では，日本の景色が描かれている。山の向こうにはダムが広がり，そこに太陽が添えられている。彼が勤めることになった会社は，中国の自分の故郷にこれから進出し，日中の合弁会社を作ろうとしている企業であった。そののちに描かれた風景構成法では，再び中国の景色が描かれたが，そこには寺院はない。家並みや田畑は左手前に広がっている。自由画で描いた家では，初めて家のなか，二人が向かい合い食事をしている風景が描かれたのである。

　中国の宗教は，共産党により否定され，文化大革命時，仏教寺院の多くは破壊されたが，教会は残されたという。1980年代，宗教は自由になり，はじめは教会にまばらだった人も，この前帰国した時には，五つの建物全体が超満員であったという。ちなみに7千万人のキリスト者がいるが，彼らはすべてプロテスタントであり，カトリックはほとんどいないようである。

　今回の報告では，やはり絵画療法のなかでの風景構成法の変遷に注目したい。

　最後の留学生のケースは，家・故郷の景色を描きつづけ，中国式の理想郷を求めていたと思われるが，宗教的体験を経て，世界中どこにでもある風景を整合的に描くようになった時，より適応した大学生活を送れるようになったと考

えられる。その後，日本での生活が地に根差しはじめ，研究も軌道に乗ってくるとともに日本の景色を描き，そして，中国の故郷へ進出する日本の企業への就職が決まった時には，理想郷ではなく，より現実的な中国の風景を描くようになった。

　地球上のグローバルな変革は，至る所で「故郷」の喪失を促しているようにも思える。それに対し，人々は，どのように適応したり，変調をきたしたりするのだろうか。故郷の景色・風景を持っているということ，いつでもそこへ帰れるということの重要性をもう一度考え直したい。日本でも，阪神・淡路大震災や東日本大震災を含むいろいろな災害において，多くの故郷の景色が失われた。筆者もその一人である。こうした災害におけるPTSDの問題は，次々と報告されてきている。

　日本は，近年，学生を海外へ送り出す国から，多くの留学生を受け入れる国へと変化してきた。こうした日本という国の大学における報告は，長い年月，多くの留学生を受け入れてきたU.S.A.における報告と比較検討されることにより，より有意義な考察へと導かれることだろうと思われる。

3. アパシー症候群とユーモア

a. アパシー症候群について

　今日，アパシー症候群は，スチューデント・アパシーから退却神経症に至るまで，幅広い捉え方がなされるようになってきている。自己不確実状態，アイデンティティーの障害として定義されているが，欧米では，U.S.A.におけるハーバード大のウォルターズ Walters, P. A. の報告がある以外，めぼしい報告はない。

　一方，日本では，笠原，山田らによりその理解が深められてきた。その心性については，福本が，スキゾイド・パーソナリティーを中核にして，ナルシスティック・パーソナリティーを含むスキゾイド心性が主である，と述べている。

　大学に関する限り，大学生・大学院生・留学生などの学生，教職員，大学卒業後にそのまま卒業した大学の職員になった人などにもみられ，大学という状況・枠組のなかで発現する機制であるとも考えられる。おそらく，依存対象が存在する企業・職場においても，似たような枠組のもとで現れるのだろう。日本の会社の母性的な対応の傾向が関係していると思われる。欧米での報告が少

ないことを考え併せると，従来型の日本の大学や企業などの独特の場の雰囲気や構造が，この機制を産んでいる可能性があると考えられる。

　大学や仕事場という空間を離れた一般の社会の枠組のなかでは通常に機能しているため，すなわち，生活一般や趣味，本職以外の辺縁の領域では通常に機能しているため，医療のベースに乗らないこともしばしばである。アパシー症候群は精神保健の領域では確かに存在するものではあるが，精神医学・精神医療の領域では疾患単位としては存在せず，むしろ，他の精神疾患を発現することによって，その疾患名によって，医療の現場に現れる。

　したがって，精神保健の場では，薬物をあまり必要としないのが特徴の一つといえる。若干の睡眠剤や，クロキサゾラム，エチゾラム，スルピリドといった軽いマイナー・トランキライザーや抗うつ剤によく反応し，情動の波が治まり安定化することも稀ではない。薬物を全然必要とせず，カウンセリングのみを定期的に受けに来る人も多い。これは，人格障害の人に薬物があまり効かないのと対照的である。

　アパシー症候群の人たちは，大学や職場を包む，より大きな，彼らの適応が良好であった社会の枠組のなかで不全化したとき，初めて医療のベースに乗るが，そのときには，統合失調症性精神病，気分障害，摂食障害，強迫症，離人症，恐慌障害，境界例などとして診断される。アパシー症候群は，いろいろな疾患への発現の前段階の様態の総称ともいえるだろう。

　彼らは，こうした疾患への発現を，アパシーという機制でスウィッチ・オフし，自らを守っているといえるのかもしれない。鬱との鑑別が一番問題となるが，内因性の鬱は内界がもっと枯れており，神経症性抑うつではもっと言語化が豊富であるという点で，アパシー症候群とは鑑別できると思われる。

　彼らは，内界のイメージの彼ら独特の豊饒さを，上述のような機制でスウィッチ・オフしているようにみえる。家族や周囲の者に勧められたり連れて来られたりして精神保健の場に来所することが多いが，本人自らが来所する場合は，アパシー状態から脱せられるケースも多く，来所した段階で半分治療の過程に踏み出しているともいえる。面接時の言語化は乏しく，他人事のように自らの状態を淡々と語り，経過のなかで言語的な面接が暗礁に乗り上げるような印象を受けることもしばしばである。しかし，その際，何かどこか苦しんでいるという印象や独特の焦燥は，治療者側に伝わってくるように思われる。

図7   図8

b. アパシー症候群の人たちに対する絵画療法について

　彼らに絵画療法を行ううちに，実際に学業や職場に戻ったケースや，引きこもりから抜け出し社会へ巣立ったケースがみられたため，戻れないケースや引きこもったままのケースを交えながら，彼らの描画の特徴に触れつつ，その表現病理と，絵画療法による治療の可能性について論じたい。

　30年にわたる大学での筆者の臨床経験をもとにまとめているが，各症例の詳細については省略する。技法としては，枠づけ法，樹木画，色彩分割法，道画法，風景構成法，拡大風景構成法，誘発線法，拡大誘発線法から課題画，自由画まで用いている。

　描画の特徴としては，

1）楽しく描く。大学人・教職員であって，言語上ではあまり喋らない場合や防衛が強い場合でも，描画を促すと，幼少期に戻ったかのごとく，楽しそうに描いて帰るケースが多い。

2）エネルギーはあるが，現実の場面ではそれを内在化させており，イメージの世界ではそれが漏れ出る感じがある。内的な攻撃性は直接的に表現されるのではなく，モクモクと煙をはく工場（図7：誘発線法）や恐竜（図8：誘発線法）など，うまく修飾されて表現される場合が多い。上下左右の枠から溢れる感じで，画面に全体の一部を描くことも多い。

3）風のイメージ。竜巻そのもの（図9：なぐり描き法）や風車などが多く描かれる。山田は「吹きすさぶ風のなか，風の来ない窪みにしゃがみ込

第7章　拡大風景構成法の展開　133

図 9

図 10

図 11

図 12

んでいる状況」と比喩しているが，彼らの内界では風が吹き荒れているといえるのかもしれない。

4) 心的エネルギーの高さやイメージの豊饒さと連関していると思われるが，画面全体に描き，風景化する傾向にある。また，その描画は物語性を帯びていることが多い（図10：誘発線法，暖かい南の浜辺）（図11：誘発線法，月の砂漠のような風景）。すなわち，内界の物語性は健在であるということである。

5) 道画法 Road Drawing（高江洲）において，道の構図が特徴的。手前中央から真っ直ぐに1本，遠近法で以て，中央地平線の彼方に消える道が多い（図12：道画法，田舎道）。舗装された道や高速道路もよく描かれ，道の脇には看板が立っていたり，道の両側は草原や荒涼とした平原が描

図 13

図 14

図 15

かれる。地平線の彼方には山並みやビル群が広がり（図13：道画法，舗装道路，遠景にビル群），道の手前も先もどこに繋がっているかわからないと答えることがしばしばである。なぐり描き法や色彩分割法で，同様の道が描かれることもある（図14：色彩分割法，風景化している）。

6） 色彩分割法は病態からの予想に反して細分化され，予想されるよりも明るく，いろいろな色に塗られる場合が多い。

7） 地象・地平線が丸みを帯びて描かれることがしばしばである（図15：拡大風景構成法，星空の風景）。これは，心的距離において，描かれる対象をより遠景化しようとしているからなのだろう。

8） 構造物化。上下が画面に収まりきらず，左か右が欠けた，すなわち，全体像の描かれない寺のお堂（図16：誘発線法）や，廃墟と化したパビリ

図 16

図 17

図 18

オン，ガスタンク（図17：誘発線法）などの構造物が，風景化した画面のなかに描かれることも多い。建物のなかは空洞で何もないと言語化する。もっとも，言語化とイメージは遊離していることもしばしばで，ガスタンクは圧縮されたガス（エネルギー）が充満していることを暗示しているとも考えられる。内的な空虚に直面している描き手本人の存在様式の一種の象徴化であるともいえるだろう。

9) ある種のユーモア。構図の面白さや視点の転回（図18：誘発線法，信号機を下から見上げている），描くもの自体のユニークさがみられ，画面が機知に富んでいる印象がある。たとえば，クジラとその周りの明るい海の風景（図19：誘発線法）。クジラはよく描かれるが，自我の肥大を象徴しているとも考えられる。リアルな画面全体に広がる耳。おどけた

図 19

図 20

図 21

　　感じの表情のペリカン（図20：誘発線法）やダルマ（図21：誘発線法）。TVで流行ったウルトラQのカネゴンやニャロメ（図22：誘発線法）。UFOと宇宙人（図23：誘発線法）。「私はUFOは信じていません」と言いつつ，一所懸命細かく描く（言語と非言語的表現の解離）。こうしたユーモアの病理に焦点を当ててゆくのも治療上有効ではないかと考えられた。

10）描きはじめるまでにある種の間があり，それは表現するということに対して怯む瞬間なのかもしれない。スウィッチ・オンして，イメージの流

第 7 章 拡大風景構成法の展開　137

図 22

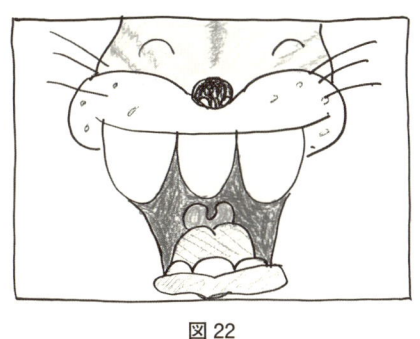

図 23

図 24

れを表出するまでの間のタイム・ラグかもしれない。一般の生活空間では，イメージの迸りがないようにしている可能性が窺える。絵画療法の場で，初めてイメージの流れは繋がり表面化する。

11) 言語化は，描画の豊かさに比べると少ないのが，神経症性抑うつと区別される点である。言語化される場合は，極端に歪曲し，細分化している。ここの部分は○○の材質であるとか，ここは何百何十何メートルであるとか，細かく説明したり，専門用語に富んだ会話をする。

12) 実際に，極小部分を極大化して描く場合もあり（図24：誘発線法，葉に

図 25

図 26

図 27

溜まった水滴）（図25：樹木画，根の拡大と左の小さな苗木）（図26：風景構成法，右端の下から見上げた大きな高速道路が印象的），視点の局所的極大化がみられることがあるが，その際も全体の構成度は崩れない。

13)「実り」を描く時が，経過の転回点の前兆となることもある。スイカがいくつか熟している構図（図27：誘発線法）など。このあと，本業に戻れたり，他部署に移ったり，趣味やアルバイトを活かして本職にしてゆくなどの変化が実生活でもみられたりする。

c. 治療としてみた場合の絵画療法の意義

筆者の場合は，彼らが内包するユーモアの病理に焦点を当てて面接を行ってゆくことを心がけている。絵画療法の際，表現されたユーモアに対して，さりげなくプラスの印象が述べられることは，表出されたイメージを目の前にして

いる描き手にとっては，言語的な面接の場で述べられる以上のフィードバックがあると考えられる。

　面接は週1回，定期的に行うように心がける。ある決まった治療空間に定期的に来所してもらうことにも意義があるだろう。言語的面接ののち，描画を導入する。筆者の経験では，アパシー症候群には，1回の面接に1枚の描画のことが多い。断る権利のあることも言い添える。軽い促し，軽いイメージとユーモアの表出，それについての軽い言語的なやりとりには，1枚で充分な場合が多い。

　これは，一種の絵画処方といえる。カウンセリングのあとにこうした絵画処方を行うことは，絵画療法の新たな意味づけを示しているのではないだろうか。このとき，描かれた絵画に対して治療者は，「機知に富んでいる」「ユニークである」「ユーモアがある」ことを言語的にポジティブに伝えることが大切である。

　こうした治療形態では，特別な介入は試みず，続けられる限り面接において絵画療法を定期的に行い，イメージの流れの遮断を解くことが目的といえる。彼らの内容の豊富な描画はフィードバックされて，描き手本人にとっては，「こんなものが描けるんだ」という自信に繋がってゆくことが期待される。そこから，遮断されていた言語の豊饒性も，次第に取り戻されてゆくだろう。このように，アパシー症候群の面接の場に，絵画などの芸術手段を差し挟み芸術療法を併用することには治療的な意義があると考えられる。

d. 考察とまとめ

　引きこもりは，社会現象として注目されてきている。しかし，アパシーは，一つの行動化，表現型であると同時に，一つの自己安全保障手段でもある。

　引きこもり，摂食障害，抜毛，パニック，空間恐怖，ソーシャルフォビア，解離性の離人症状などは，一つの行動化や，背景にあるものの直接の表面化ではなく，また，言語で直接に語り内省するものでもなく，意識化するものでもなく，あたかも小児・児童の行動，アクティングアウトと同じような表現型としての意味をもっているのかもしれない。アダルトチルドレン，パニックディスオーダー，PTSDなどもまた，こうした範疇に入ると考えられる。すなわち，大人になっても，はっきり言語化できない，思考化できない，意識化できない，そういう状態に陥った，あるいは，追い込まれた人間のとる自己防衛手段であるということを意味してはいないだろうか。

これを，言語でない部分で表出し，見てフィードバックし，視覚系を介して再認識し，さらに，治療者からのプラスの言葉を聴くことで言語的レベルでも思考化・意識化できるようにもってゆくことは，おそらく治療的意義を有するものであろう。ここでは，その手段に描画が用いられた。それこそが，絵画療法が，アパシー症候群に対する治療手段として意義あるものとして存在しうるという証明になっていると思われる。

それはまた，上述したような現象・表現型にも，こうした絵画療法的接近が有効であることを示唆してもいる。

4. 拡大風景構成法の経緯と特徴

a.「拡大風景構成法」── その創案過程から命名に至るまでの経緯 ──

はじめに，創案過程から命名に至るまでの経緯について触れておきたいと思う。筆者は6年にわたり，中井久夫教授のもとで精神医療の基礎訓練から芸術療法・絵画療法の指導までを受けた。その間，最初の2年の間に精神医療の場で絵画療法を続けてゆくうちに，風景構成法について，第3章の冒頭に述べたような問いを抱くようになった。数年にわたる何例かの症例の縦断的観察と，単科精神病院に常勤医師として勤めた期間に多数の症例に行った縦断的あるいは横断的絵画療法の結果をもとに，1988年秋，「風景構成法をもとにした"空"と"星"の精神療法的接近」という題で110枚程度にまとめたものを中井教授に提出した。

約6カ月後，詳細な検討の結果，先生は，その論文を3分の2くらいに縮めて博士論文にしましょうと言われた。そのとき，中井教授がつけてくださった論文の表題が「拡大風景構成法における天象・地象表現と精神的視野」だった。「拡大風景構成法 Extended Landscape Montage Techinique」の名は，こうして，第3章に述べた技法に対し，「風景構成法」の産みの親である中井久夫教授によって命名された。

「風景構成法」の変法は多種多様にあり，今までいろいろな試みがなされ，また発表されてきているが，筆者はこうした理由から，それ以降，第3章で著した技法に対して「拡大風景構成法」という名を使用してきた。そのことを記して，読者諸氏の了解を得たいと思う。

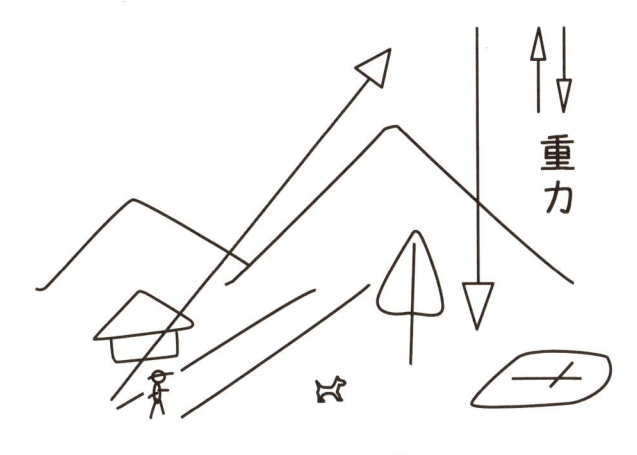

図 28　地象の風景

　本著では，その後のさらに25年にわたる絵画療法の経験を交え，論旨を展開してきた．

b. 地象へのもう一つの拡大

　拡大風景構成法で用いた空の描画は，状況依存性を越えた，より根源的なものに根差していると考えられる．雲や星の光は，生命性の再認識ということも含めて，第3章で詳述した一次性表象化を「支える」ことになるのではないか．
　第5章で詳述した"過具象化"により描画できないと考えられる場合は，描けるまで要素化し，「要素の次元を下げてゆく」ということが大切となるであろう．以上の事柄を前提にして，1991年から筆者は拡大風景構成法のもう一つの拡充法の試みを行った．それは本章の1.で述べたように風景構成法を描いてもらったあとで，もう1枚の枠づけされた紙を渡し，「この風景のなかで気に入った部分を拡大して描いてみてください」と述べ，要素の次元を下げた描画を行ってもらうというものである．絵画療法過程のなかで，従来の「天象の描画を伴う拡大風景構成法」と併用して行うと，天象から地象へ，さらに地象の細分化へ，そして再び天象へという天象と地象の振り子現象の拡大をもたらし，風景構成法の治療的側面はさらに強化されることになる（図28）．
　筆者の経験では，絵画療法過程のなかで，天象の描画で著名な変化を示さず

とも，種々の臨床的症状の改善とともに地象の拡大で大きな変化を示した例もみられた。

c. 空の風景・星空の風景と地上への回帰

"空"は無・空・静なるものであり，描く人のもつ"心のカンヴァス"である（図29）。筆者の施行した例においては安全であり，侵襲性はほとんどないといってよかった。ある患者は，空と地面を描いた際，「地面はみんなと繋がっている，同じ地面の上で。空もみんなと繋がっている，同じ空の下で。でも，空の方が開けている，どこまでも開けている感じがする。みんなが一つのものを共有している，みんなが一つのものに包まれている感じがする。雲があると，空は遠い。雲がないと，そんなに距離感はわからない」と述べたのが印象的であった（図30）。

図29
27歳，男性，強迫神経症：天と地の比率が効果的で，空の広さ・遠さが印象的である。

図30　空・天象の風景

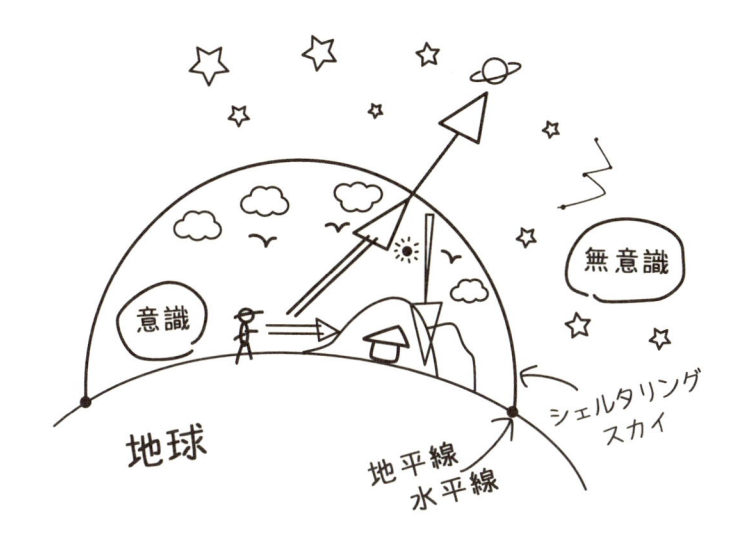

図31　シェルタリング・スカイ

　また，絶え間のない離人感を訴え続けた患者は，絵画療法の際，「焦点を合わせずに見ることができる色は，自分の身の周りでは空くらいです。そこでは，形態と色が一体となって存在している。穏やかな起伏のある均質な空間，空気というか密度は，私としては心地よい感じがする。自分が拡散し，ぼんやりしていっても，周りのものが存在感をもってざわついてくるのは嫌なんです。私はアンビエントな空間を求めている。それを代表する手触りが青なのです。青空は焦点を合わせないで色彩を感じられる。それが，程よく安らげる環境なのです」と語った。空はわれわれを包み守っている「シェルタリング・スカイ Sheltering Sky」（図31）であり，「隔離タンク Isolation Tunk」でもある。
　以上のことを踏まえ，最近の筆者は，臨床の場で，樹木画や色彩分割法と同じように，絵画療法の導入法として，雲の描画法や空の風景を用いることが増えている。その場合は，空の風景・星空の風景から地上への回帰として風景構成法を描いてもらうこともある。その方が，風景が描きやすく，いろいろな内面の問題が風景上に現れやすくなるようである。それは，「天象から地象へ」の表象化を描画上に顕したものともいえるだろう。そこからさらに，動的HTP描

画法などへと進めてゆくこともある。

d. 方法の拡大の方向性と可能性

　絵画療法における方法の拡大には，主として，二つの方向性があると思われる。一つは横あるいは水平の方向，もう一つは縦あるいは垂直の方向である。今回まとめた「拡大風景構成法」は，後者に属すると考えられる。地面から天象への拡散と，宇宙空間から地象への集約・収斂・収束である。

　「風景構成法」のいろいろな変法や拡充法は，まだまだこれから創案されてゆくであろうし，絵画療法の技法一般についても種々開発されてゆくと思われる。それらが本稿でまとめてきた構成的描画法としての側面を一部でも有していれば，その技法は構成的描画法の代表である「風景構成法」の拡大である，といえるのではないだろうか。

第8章
治療としての絵画療法

1. 芸術療法，表現病理学，病跡学

　表現とは，内なるものを外界へ・身体の外へ表出する行為であり，身体・感覚系を介してim-pression印象として心のなかに入ったものに対する反応としてのex-pression表出であったり，内発的イメージからの創造であったりする。すなわち，精神的・主観的なものを身体・感覚系を介して外面的・感性的・客観的形象として表すことである。
　その表された形象として，言語，表情，身振り，動作，化粧，服装，舞踏，絵画，音楽，造形，詩歌などが挙げられる。治療者は，こうした表現行為に介在することで，治療的な影響力をもつことができる。それが，心理療法・精神療法psychotherapyである。
　心理学・精神医学における表現病理学は，正常な心理・精神をみるために，病的な面から探るというアプローチであるといえる。それは，「意識」を哲学的に思索する代わりに「意識障害」から生物学的・医学的にアプローチするのに似ている。表現病理学に対する芸術療法は，精神病理学に対する精神療法に対比させることができる。
　表現病理学（表現精神病理学 psychopathology of expression）とは，主に非言語的 non-verbal な表現行為から精神病理をみる学問である。精神病者の表現病理についての研究は，19世紀から散見されるが，厳密にはドイツのハンス・

プリンツホルン Prinzhorn, H. がヨーロッパ各地の精神病院から集めた多くの描画や造形作品をもとに完成した『精神病者はなにを創造したのか』„Bildnerei der Geisteskranken"（1922）に，その端を発しているといわれている。それに対して芸術療法 arts therapy は，芸術的あるいは創造的媒介を通じて人間のイメージ・表象機能のもつ自己治癒性を支え導き出す精神療法であるといえる。マーガレット・ナウムブルグ Naumburg, M. が1966年に著した『力動指向的芸術療法』"Dynamically Oriented Art Therapy"によって，芸術療法は精神療法の場へと躍り出た。そこには，絵画療法 art therapy や音楽療法 music therapy などが含まれる。

　一方，もう一つの極として存在するのが病跡学 pathography である。これは，著名な芸術家などの人生・歴史や精神病理と，その作品の関係を探る学問であり，狂気と創造，そして天才の精神病理の問題へとわれわれを導いてくれる。

2. 絵画療法の諸技法とその臨床的意義

　絵画療法にはいろいろな技法が存在するが，どのような疾患を対象とするかによって，同じ技法でも用いるタイミングや解釈の仕方が違ってくる。一般に，自由画，項目画（樹木画，人物画，家族画，HTP法ほか）など種々の技法があるが，あまり意味を押しつけない，意味に迫られない描画として筆者が主に用いるのは，枠づけ法，樹木画，色彩分割法，なぐり描き法，風景構成法，拡大風景構成法，天象の描画，誘発線法，拡大誘発線法などである。今までの章で述べてきた各技法をもう一度簡単に整理したい。

a. 枠づけ法 Framed Technique
　四角の画面に治療者自ら枠をつけて手渡す技法。それにより，被験者に心の安定をもたらす作用がある。枠づけを行うと，心のなかにある空間が露呈しやすい。枠はフリー・イメージの危険性に対する安全弁であり，枠づけされた空間はその安全弁に守られた舞台である。イメージを安全にパックした世界であり，出し入れと貯蔵が可能となる。イメージの内的湧出を制御し，治癒力を内に保ち，内に向かって浸透させる力を持つ。

　また，枠ありと枠なしをこの順番に同じ面接中に施行すると，しばしば意味

ある対照が得られる(「枠づけ二枚法」)。枠ありのあとの枠なしの描画は,一種の戸惑いを交えた解放感を被検者に与え,外向性への転換を伴うことがある。

b. 樹木画 Tree Drawing(図1)

いわゆるバウム・テストを越えて,治療的な意味合いで継時的・縦断的に木を描いてもらう技法。木一つをとっても,治療経過や状況により大きく変化してゆく(第7章図2-図6も参照)。

c. 色彩分割法 Space Division and Coloring Method(図2)

枠づけされた空間内で,その空間を自由に仕切り好きな部分に彩色してもらう技法。一つの枠づけされた空間のなかに別の空間を構

図1
24歳,女性,摂食障害,過食症:上部が大きく繁り突き抜けている木,木には顔が描かれている。枝は手を拡げているようにも見え,青い鳥が止まっている。根はしっかりと生え地象も描かれているが,腹部にあたるところに穴が空いており,ウサギがおしりを見せて隠れている。彩色で,幹も葉も何度も混色を繰り返しているのが特徴的。

図2.1　　　　　　　図2.2
16歳,女性,統合失調症性精神病:回復に伴い,2.1から2.2へと分割の数は増え,彩色も多様化している。
2.1では,左半分が枠からなぞったのち左下から右上へ向かって塗っていったのに対し,右半分では接触回避性がみられている。マイケル・バリント Balint, M. のオクノフィリアとフィロバティズムの現象が同時にみられているとも考えられる。

築するということを意味しており，空間を仕切るという行為自体が治療的な意味をもつ場合がある。彩色は厚みや距離を与え，空間そのものの存在を感じさせる。

d. なぐり描き法 Scribble Technique（図3）

投影的空間を扱う代表的なものとしてはロールシャッハ・テストがあるが，絵画療法の領域では，本法が挙げられる。何を描こうとも考えずに紙の上になぐり描きをしてもらい，描いたのち，そのなかに何かものの形が見えてこないかを問い，見えてきたらそれに色を塗って仕上げてもらう技法。葛藤が強く，言語的な接近を拒んでいる際の防衛の突破に有効である。色を塗って仕上げてもらう段階で構成的描画法としての一面を有する（第1章図3.4も参照）。

たとえば，非定型精神病の26歳の男性では，枠ありと枠なしをいつも連続させてなぐり描き法を行うことにより，当初みられた衝動性・易刺激性が徐々に消褪し，それとともに，内的な苦悶を枠ありで，外界に対する問題行動を示唆する「怒れる野獣」を枠なしで描くという形式から，枠の有無で差のない柔らかな内容の絵を描くようになった。言語のやりとりを伴わない柔らかな感情表出を促すところに治療的意味があったと思われる。

図 3.1　　　　　　　　　　　図 3.2
26歳，男性，薬物依存：枠あり（3.1）で神社の狛犬，枠なし（3.2）で花を描く。

e. 風景構成法 Landscape Montage Technique（図4）

構成的空間を扱うものの代表としては箱庭療法があり，それを二次元の描画空間へ変換したものとして本法が挙げられる。枠づけされた空間のなかに，川，山，田，道，家，木，人，草花，動物，岩石の10項目を，治療者が項目を唱えるごとに描き込んでもらい，全体として一つの風景を構成してゆく技法であり，その後，足りないと思うものを付加してもらう。さらに彩色を促したのち，完成された絵についての会話を行う。

風景構成法には，その治療的側面として第一に，診断的に用いることによって，その後の治療的方策の選択を促すという点がある。第二に，間歇的に行う形式や内容の測定が，非言語的接近法として言語的治療を補強し，その後の回復経過に影響を与える，ということが挙げられる。さらに第三として，風景構成法自体が内包している治療的な力が指摘できるだろう。それは，上下左右や奥行きを描画空間のなかに感じてもらうことによって，精神的視野の枠づけや方向づけを希求している人に安心感を与えたり，表象機能の不全状態に陥った人びとに対して，川，山，田，道などの項目を一つ一つ与え，関連表象をさりげなく促し補正することで，表象機能の再生をもたらすということである。

図 4.1
28歳，女性，離人神経症：右上から，黄色い太陽光線が風景を暖かく照らしている。激しい離人感の訴えとは対照的に彩色豊かでのどかな風景である。この例では，姉が統合失調症を発病しており，自分もなるのではないかという恐怖とともに症状は形成された。

図 4.2
26歳，女性，不安神経症：のんびりとした暖かい風景であるが，左下の家，木，人などと右上の遠景大景部分の間の地象が空白となっており，現在と未来，身辺と理想・夢が断裂しているようでもある。白い断裂は，あるいは鬱の心性を表しているのかもしれず，人は地に手をついて必死に足でその断裂を探っているのかもしれない。

f. 拡大風景構成法 Extended Landscape Montage Technique（図5）

風景を描いたのちに，別の紙に空を，さらに星空・夜空を描いてもらう技法。これは，描画空間において精神的視野を地象から天象へと拡大し，風景を包む天象・地象表現を探るとともに，重力感覚や，上下左右感覚などを促進させ，

図 5.1
44歳，男性，妄想型統合失調症：風景構成法。川が山を突き抜けている。不整合な空間をほとんどまったく自覚しない。赤く燃えるような地面が印象的。空の枠は強調されている。

図 5.2
図5.1と同じ症例：空の風景。枠に囲まれた空という「閉じた空間」のなかの別の「閉じた空間」としての入道雲。雲も空間も等質に塗られている。

図 5.3
図5.1と同じ症例：星空の風景。等質にべっとりと塗られた星と空間。同じ密度であるかのようである。これは，空間における凝縮化のある種の形態であるといえるだろう。塗られた空間自体が妄想的関連で繋がっているようにもみえる。

図 5.4
24歳，男性，神経症性抑うつ：風景構成法。陰影づけ，混色が盛んで構図に工夫がみられる。画面に物語性がある。

図 5.5
図 5.4 と同じ症例：図 5.4 を描いたあと，風景のなかで気に入った部分を拡大して描くという地象への拡大では，図 5.4 の中央右手にある働く人と馬を描いた。

構成的空間のもつ治療的側面を強化することを意図して作られた。

　風景構成法の拡充法の一つとして，筆者は重力感覚を取り上げ，画面の縦方向への拡大を図り，天象（空や雲や星空）の描画を考案した。そこからさらに，地象に焦点を当て直し，描いた風景のなかで気に入った部分を別の紙に拡大してもらう「地象への拡大」も付加するようになった。

　「風景」が中心にあって，そこからの拡大であり，いつでも元の風景に戻ることが保証されているという意味で，風景構成法の閉じた世界を「半開放」しているともいえる。精神的視野の力動性ということに注目した地象と天象との振り子現象のなかに精神療法的意義があると思われる。

g. 天象（空，雲，星空）の描画 Sky Drawing（図6）（第7章141－144頁参照）

　f. の2,3枚目を独立させた技法。雲の描画，空の風景，星空の風景などとして単独で用いる。これらの描画は変化を一般に連想させず，そのなかに描かれる世界は状況にあまり影響を受けない。イメージの暴走を抑え，やさしく被いパッケージする力を内包しており，イメージの適度の湧出を支え，その自己治癒力が効を奏するのを待つ。したがって，色彩分割法などと同様に，導入の指標としても使える。

　とくに「雲」は安全で，安心や寛ぎを意味するようである。ふわふわとした心なごませるものであり，急性期でも抵抗なく描けることがしばしばである。また，「雲」は心の裂け目を覆う柔らかいものとしてのイメージがあるのかもしれない。そういう場合には，それらを描くという行為自体が治療的になるだろう。

　また，なぐり描き法で雲を示すこともあれば（第3章図22参照），空の描画

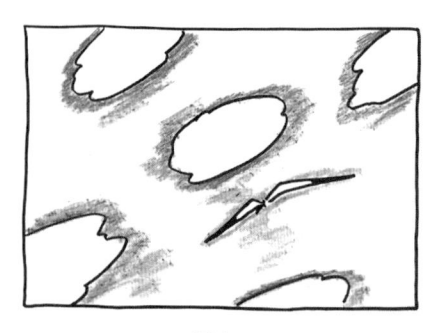

図 6.1
22 歳，女性，不安神経症：紫色で型どられた鳥と水色で型どられた雲。余白が効果的に使われている。

図 6.2
33 歳，男性，妄想型統合失調症：真っ赤な空，中央に黄色の光体，その前に点在する黒く小さな星々。彩色前は散在する星空に見えたが，彩色にて赤と黄に空間を塗り，景色は一変した。

において枠ありのあと，枠なしで描いてもらうと，雲が，たとえば人の形のような，ある形象を帯びたものに変形することもある。雲の描画法は，なぐり描き法とも関連性があることが窺える。

一方，色彩分割法で入道雲を思わせる分割を行う症例もある。すなわち，雲の描画法は一種の色彩分割法でもあり，それに膨らみや立体感をもたらしたものであるとも考えられる。「雲」は枠で囲まれた「空」という「閉じた空間」のなかに別の「閉じた空間」を作ることを意味しており，彩色の段階にて空間に色を塗り込めたり，雲に混色を施すことで，そこに厚みや奥行きが加えられ，空間そのものの存在も感じられるようになる（第 3 章図 37 参照）。さらにそこに，鳥や飛行機など具体的な事物を加えることで画面上に「時間」をも描き入れることができる（第 3 章図 35 参照）。これらはすべて，治療的な意味をもつと考えられる。太陽，月，星も「閉じた円環」「閉じた抽象記号」としての意味合いをもつ。

h. 誘発線法 Elicitor Technique（図 7）
　投影的描画法，構成的描画法の中間的な技法。多重意味をもちうる刺激図形（単純な線や曲線）（たとえば，「三つの連なった丸い山」，「三つの連なり尖った山」，「伸長した S・インテグラルの記号」，「円」など）（第 4 章図 1 参照）を呈

図 7.1
23 歳，女性，不安神経症：3 人のひざまづき祈る修道女。

図 7.2
図 7.1 と同じ症例：切られた紙とハサミ。

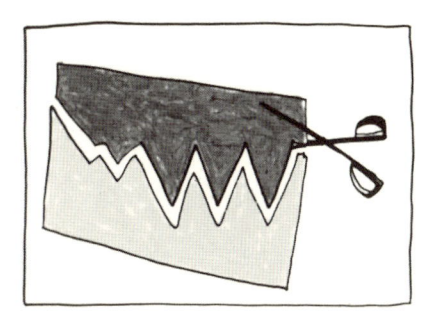

図 7.3
図 7.1 と同じ症例：人魚。髪を垂らしうなだれた姿が印象的。

図 7.4
図 7.1 と同じ症例：齧られた，もしくは腐ったリンゴ。

示し，それをもとに絵を完成するように促す．刺激図形の順序を重視し，いくつかの刺激図形を連続して呈示する形式をとることもある．

　穏やかな形で相互性が保たれており，芸術療法の導入の際や，治療の行き詰まりの打開を図る際に用いられることが多く，とくに小児・児童で有効かつ安全である．また，投影的描画法の側面を有し，とくに神経症・人格障害などの症例では，内容分析が大きな意味をもちうる．そのうえ，構成的描画法の側面も併せもっているため，風景構成法と同じく，構成的空間のもつ治療的側面によって，統合失調症を中心とした精神病の症例に大きな治療的影響を与えうる．

　c.の色彩分割法や本法は，場合によっては，患者治療者間の心理的距離を調

節する技法として用いることができる。

i. 拡大誘発線法 Extended Elicitor Technique（図8）

誘発線法の構成的描画法としての側面を強化するために，たとえば人物部分刺激といった，治療者側の意図に沿った一連の流れを付加して刺激図形群を構築したものである。上述の四つの刺激図形のあとに，表情を伴わない目と口を暗示する「三つの浮遊する直線」，笑い・泣き・怒りの表情を暗示する「浮遊する二つの斜線と一つの折線」（第4章図1参照）をそれぞれの紙に治療者が描いて，それを刺激図形として絵を描いてもらう。これらの追加した線は歯も視線も示さず柔らかい感触を与えるので統合失調症圏の人にとっても侵襲は少ない。

本法を1枚の紙に同時提示する並列型誘発線法 Simultaneous and Parallel Elicitor Technique とワルテッグ・テスト Wartegg Zeichen Test を治療場面において組み合わせて用いると，相互補完的に作用することが報告されている。

図 8.1
図 7.1 と同じ症例：笑って話しかけている人。

図 8.2
図 7.1 と同じ症例：開かれた本。

3. 治療としての絵画療法

いわゆる絵画療法過程においては，入院治療では1週間に2回から2週間に1回，外来治療では1週間に1回から1カ月に1回，樹木画，色彩分割法，天象の描画などを導入として，なぐり描き法，風景構成法，拡大風景構成法，誘発

線法，拡大誘発線法などを行い，その間に項目画や自由画など（テーマがあり侵襲性のより高いものや，自由連想を昂進させるもの）も徐々に挿入してゆく。少し時間をあけたりして何クールか行いながら，緩やかな変化をみる。患者によっては，ある一つの技法を主軸にして繰り返し行うのがよい場合もあるし，家族療法や集団療法の場で絵画療法を用いることも多い。

　上下左右や奥行きを描画空間のなかに感じてもらう構成的描画法 Composite Drawing Methods では，精神的視野の枠づけや方向づけが供給されることによって，イメージの自己治癒性が強化されることが期待できる。ここで大切なことは，意味の少ない絵こそが描き手に意味を付随させうるということである。治療者側から特定の意味を押しつけられることなく，その人なりの，できうる限りの意味を，心のなかで温め，増幅し，空間や時間や言語の構造を取り戻してゆくことが重要である。

　描き手の表現病理はいつも表現されるわけではなく，10～20枚に1, 2枚，特徴的なものが描かれることが多い。表現病理学的な見地からすれば，数十枚の絵のなかに一つその患者の病理を表現しているものがあればよいとする。したがって，1枚の絵からあまり解釈を，とくに病理の解釈をしすぎないことが大切である。

　一方，絵画療法過程としてみる場合は，数十枚の描画の流れが重要であり，一見病理的ではない平凡な絵が治療の転回点であったりする（そういう絵を描くことが治療的には有効であることも多い）。絵画療法的な見地からすれば，数十枚の絵のなかに一つ転回点になる絵があればよいとする。もちろん治療の経過のなかでその転回点のときに描画を行っていない場合もありうるだろうけれど。

　ここで，心理テストとしての描画と治療としての描画療法・絵画療法について考えてみたい。そもそもこれらは，両者相まって，経過のなかでどちらかの傾向をより多くもつ，というものであろう。おおむね，心理臨床学の領域においても，テスターは心理テストとしての描画にこだわり，カウンセラーは心理療法としての描画にこだわる。例を挙げると，バウムテストと樹木画。HTP法におけるテスト時の3枚別々の紙に描く鉛筆画と，多面的 HTP, synthetic HTP もしくは kinetic HTP と呼ばれる，より治療的な色彩の強い変法。どのような技法も，投影的描画法と構成的描画法の両面を多少とも併せ持っていると考えることが重要である。

　治療とは，描画の流れのなかで，描かれた画面の健康な部分に焦点を当て，

それを鼓舞し補強するのが目的であるのに対し，テストでは，流れのなかで，ときに突出してくる病理に焦点を当て，それを診断や治療の手助けとする，ということである。その際には，患者の特色や，治療者側の特徴，またその両者の相性や関係性も影響してくるだろう。もちろん，病理がわかって診断がついて初めて治療ができるという考えもある。逆に，病理や診断はつかずとも，症状に対して，それが苦しみや辛さを与えるものであればあるほど，治療を優先させようという考えもある。これは，医学・医療一般についてもいえる議論である。

4. 非言語的なもののもつ意味

　風景構成法を例にとって考えてみよう。これはHTP法を中景群として大景群のなかに埋没させ，そのテスト性をcoveringしたものであるとも考えられる。風景構成法1枚から，あまりにたくさんの情報を得ようとする治療者もいる。しかし，1枚の描画から得られる情報は，それらを心に留めておくべきではあったとしても，治療者の立場としては，あまり即座に明示すべきものではないだろう。なぜなら，風景構成法一般について統計的にいわれていることと，その症例の描画の特殊性とが，かけ離れている場合もありうるからである。もちろん，1枚の絵が患者の大切なメッセージを示唆しており，そこから解釈や自己洞察が劇的に起こり，症状の改善がみられることもある。しかし，1枚の絵のもつ意味に過剰な期待をかけすぎない方がよい。患者が平凡な絵を描いたことで治療者ががっかりすることもよくないからである。すなわち，1枚の絵には微分的な徴候が満ちているように感じやすいし，また，鋭敏な治療者はその微分性を拾い上げやすい。

　1枚の樹木画。枝が折れ，そこから，赤いしぶきが点々と滴っている絵を考えてみよう。滴るものは，血かもしれないし，赤い実・実りかもしれない。この絵から，数カ月後の自殺を予見することができるだろうか。1枚の描画から診断することが危険であるのと同じように，経過や予後に関してもまた，1枚の描画から予見することには細心の注意を払うべきであろう。治療者に以前に似た経験があれば，予後を警戒することは充分に必要なことであろうけれども。

　非言語的なものは，いつも多重意味をもっている。そこには，描き手の人格

構造の多重性，表象・心象の多重性が反映されているといえる。1枚の絵を描いても，その数日後，数カ月後に何が起こるか，それが自傷か他害か，自殺か行動化か，自立か自閉か，などは，その実際の現象が起こった時点の，描き手を包む環界の状況の諸要素によって決まりうるだろう。それゆえ，このような要素の関数と考えられる外的世界への表現や行動は，描画の時点で敢えて予測すべきではないのかもしれない。

　描いたとき，そこに解釈，とくに言語的な解釈を施すことは，描かれたもののもつ意味の多重性，描き手の未来の多重性を消去することにほかならない。もしそのことに治療的意味があるならば，そうすべきであろう。神経症圏の治療としては，カタルシスの他に，そういう言語的なメッセージを送ることで，予後や経過の多重性にある種の歯止めをかける意味合いがあるだろう。数カ月の流れのなかで，治療者の発した言葉が患者の表象機能や無意識に働きかけ，その心象や思念，行動に影響を与えることもあるということである。

5. 風景構成法の拡充法について

　日本の描画法の方向性の特色として，一つの技法があればその拡充法を考えるということがある。描画テストや描画療法において拡充法や拡大の概念を考えることの意味について，少し触れてみたい。「拡大」の意味とは，その技法の適用の幅を広げ，柔軟性を増し，テスト性と治療性の混在を促進し，侵襲性を下げ，連続性・連続頻回可能性を上げ，場合によっては画面から奥行きやパースペクティヴをより感じられるようにするということ，さらには画面から，あるいは描画行為そのものを通して，身体性・身体運動性をより感じられるようにもってゆくということであるといえるだろう。

　たとえば，バウムテストにおいて，樹木画へ変換するということ，すなわち，色をつける，空白を埋めて風景化する，「実」にこだわらない，解釈よりも，木の生命性を共有して味わうなどという方向性である。道画法 Road Drawing なども，簡潔化してはいるが風景あるいは風景構成法のある種の拡大であると考えられる。HTP 法が，多面的 HTP や synthetic HTP，kinetic HTP へ変えて用いられるのもまたそうであろう。フェルトペンで感触を柔らかく保ち，彩色で投影を強め病理をみる，逆に彩色で厚みや動きを感じてもらい，構成を強

めることもあるだろう。物語性を強める，言語化との距離を狭める方向性もまた一つの拡大である。

　Scribble法からSquiggle法へ，そこからさらにMSSM (Mutual Scribble Story Making Technique) あるいはMSSM＋C (Collage Technique)（山中）へ進む。それは相互性を強め，物語性を強め，言語化への橋渡しを早めることに繋がる。枠づけ法から枠づけ二枚法へ，空間分割法から色彩分割法や交互色彩分割法への展開もまたそうである。

　風景構成法の拡充法として，筆者は本著で述べてきたように，拡大風景構成法や天象（空や雲や星空）の描画を考えた。そもそも拡大には二つの方向性がある。一つは縦への拡大であり，風景構成法では，天象の描画がこれにあてはまる。地象に焦点を当て直し，描いた風景のなかで気に入った部分を別の紙に拡大して描いてもらう地象への拡大もまた，そうである。もう一つは，横への拡大であり，風景構成法では，項目の同時提示や，項目を変えて違う風景を導いたりとか，また項目の一つを取り上げてそれを描いたあと，そこから風景化する（上述の道画法はこれにあたるだろう）などの技法が考えられる。

　風景構成法はそもそも統合失調症患者に対する接近法として始まった。心理臨床家は統合失調症患者を対象とするのを比較的避ける傾向にあるが，これには，薬物療法の必要性の有無が関係しているかもしれない。けれども，本法は精神科医よりはむしろ心理臨床家の間に拡がっている。開発者の中井は，薬物精神療法 pharmachopsychotherapy（薬物療法を行った上で用いられる精神療法）の一技法として統合失調症患者に対し風景構成法をしばしば用いてきた。ATスプリットして行うことは稀である。むしろこれが，風景構成法の一つの醍醐味であることは忘れないでいてほしい。

　統合失調症，その他の精神病や神経症における pharmachopsychotherapy としての絵画療法と non-pharmachopsychotherapy としての絵画療法。後者には，軽い睡眠剤もしくはマイナートランキライザーを用いていて，それもずっと同じ量で変化のない状況でのものや，精神保健相談やカウンセリングの場で薬をまったく用いないで行う絵画療法，あるいは，統合失調症圏でも初期の状態，もしくは，少し経過のなかでエピソードがあったことは窺える状態だがそのまま生活しており，薬物を必要としないで絵画療法だけを行える場合なども含まれよう。薬物療法は他で受けていてそれを知らずに，あるいはその内容を知らずに，また，その内容の変化を知らずに絵画療法を行わねばならない場合

も考えられる。

6. 絵画療法において心に留めておきたい二, 三の事柄

　ここで, 絵画療法を行う際, 心に留めておきたい点を付け加えておく。まず紙質についてである。画用紙, ケント紙, 色のついた紙, 光沢のある紙などを用いるが, それは紙のきめtextureに相当するものである。どのような紙（大きさ, 紙質などを含めて）にどのようなもの（鉛筆, ボールペン, フェルトペン, 色エンピツ, パステル, クレヨン, クレパスなど）で描くか, も大切である。現代においては, コンピュータを使ってディスプレイ上に絵を描いてゆくという手法もあるかと思われるが, やはり, 紙, その手触りを感じながら手を動かして描いてゆくという身体運動が大切であろうし, 描画という表現手段の重要性はそこにあると考えたい。

　ディスプレイと同じく, 大きさや紙質, きめを感じさせなくするのが, Power Pointスライドなどによるスライド・プレゼンテーションである。したがって, スライド・プレゼンテーションに際しては, そのことをよく心に留めておく必要があるだろう。また, プレゼンテーションする際, それを行う側とスーパーバイザー・聴衆・意見を言う側の描画に対する時間感覚の流れの差にも絶えず注意を払っておくことが大切である。何カ月間か何年間かの経過のなかで築かれた描画のシリーズも, プレゼンテーションでは数十分で流される。1枚に数分しかかからなかった絵も, 1時間以上かかった絵も同じテンポで提示されることとなる。こうしたことは提示する際にハッキリと述べておくことが重要であろう。見る側, 聴く側もそのつもりで見, 聴くことが大切である。加えて, 共通言語として絵画やその他の芸術的媒体を使う場合の有利性（言語の通じにくい外国でも見せるだけで伝わるなど）と, 注意すべき点（どの程度伝え手の意図が伝わるかは, 言語よりはかえって難しいかもしれないし, 必ずそこには言語の助けがいるということ）も忘れてはならない。

7. 絵画療法の精神療法としての治療可能性

　ナウムブルグは，その著『力動指向的芸術療法』のなかで，次のように述べている。「力動指向的芸術療法において患者が自発的に創出したイメージのもつ診断的価値は，心理士が患者に施行する描画テストの価値とはまったく異なる次元のものである。二つのアプローチの基本的な違いは，芸術療法の際に描かれる絵画は患者自身の自発的で無意識的な投影であるが，描画テストの場における患者の描画は必ず誘発されたものである。すなわち，そのテスト特有の型の反応を得る目的のために計画されたものである。力動指向的芸術療法も心理学の描画テストも，患者の無意識的な感情反応を知る一法として自発描画を用いるけれども，両者の目的には根本的な差がある。力動指向的芸術療法においては，患者が無意識から解き放った自発的イメージを治療者が抑制することは決してないが，描画テストではそれぞれのテスト形式に応じた一定の枠に合致する反応をすることが要求される」。

　ナウムブルグはその力動指向的芸術療法のなかで，自由連想から自然に言語化へと導く精神分析的技法に「表現」という手法を導入した。絵画や造形など非言語的表現手段を用いることによって，精神療法の場における転移はマイルドになり，言語化はよりスムーズに促進されるとした。そこでは，いわゆる自由画・自発描画が自由連想の代わりに主として用いられるが，こうした芸術療法誘導へのきっかけとして，「なぐり描き法 Scribble Technique」が導入された。いわば患者自身が自由に誘発線を描くという手法である。それに対し，誘発線法 Elicitor Technique では，治療者側が単純な線・曲線で形成される刺激図形を描き，それに患者が手を加えてゆくのが特徴である。

　50周年を迎える日本芸術療法学会[注1]は，種々の発展を遂げ，治療としての

注1）国際表現精神病理学会（Société Internationale de Psychopathologie de l'Expression et d'Art-Thérapie : SIPE-AT）は，1959年世界精神医学会（WPA）の一つとして発足している。その日本支部組織が日本芸術療法学会であり，1968年発足し，1969年より当初は研究会の形で会が催された。その後，学会となり，徳田良仁理事長のもと第29回まで開催され，第30回より現在まで大森健一理事長が指揮を執っている。1994年は，はじめてSIPE-ATがアジアに来た。第14回国際表現精神病理学会（京都）は国内学会との同時開催となった。2000年の第32回大会会長および2016年の第48回大会会長は筆者が務めることになった。学会編集の『日本芸術療法学会誌』（第20巻までは『芸術療法』の名称）は2016年2月現在46巻刊行されている。

展開（種々の技法の開発や芸術手段の多様化）を自ら示してきた。しかし，いまだに，「絵を描いて治療になるのですか」という問いは投げかけられることも多く，また，芸術療法はあるセンスを持った人にしかできない治療であるという固定観念も現存している。どの療法にも，ある種のセンスは必要であろうし，レインジの差こそあれ，やれる人・やりたい人とやれない人・やりたくない人は出てくるだろう。問題は，どの程度定式化でき，より多くの人・治療者が抵抗なくその治療法を活用できるかということだと思われる。枠づけ法や風景構成法，色彩分割法などは，この点に関して限りなくその条件を満たしているといえる。絵画療法，芸術療法，あるいは，もっと広く言って，「治療としての心理療法・精神療法のあり方」は，これからどのようになってゆくべきなのであろうか。

　最後に，自由画・自発描画について，もう少し洞察を深めておきたい。筆者の経験では，上述してきた描画法を用いた発表を欧米で行った場合，なぜもっと自由画・自発描画を使わないのかと，よく尋ねられる。自らを，自らのメッセージを自由に真っ白な何もない空間に表現することの重要性を欧米の人は強調する。それは，自由連想を中心に据えた発想だからであろう。日本では，あまり意味を押しつけない描画のシリーズを主軸に据え，そこに，自由画や課題画，テスト的な色彩の強い描画を挿入してゆくのが一般的である。描画テストは欧米では，一定の治療者側の規約にのっとって表出させる技法であり，自由連想や転移，もしくは治療といったものとは無関係であるという考えが主であるように感じられる。欧米における，この自発描画と描画テストの中間に，日本の種々の描画法は位置していると考えられる。

　こうしたことは，欧米人と日本人のメンタリティーの違いからくるのかもしれない。箱庭療法において，箱庭を作ったあとに治療者のとる対応の差もこれに似ている。自分を自由に表現したものや，イメージや非言語的な表現で表した主張に対し，言語的な解釈を一元的に下されることに，日本人はそれほど慣れてはいないのだろう。ナウムブルグも述べているように，なぐり描き法で患者自らが描く描線は，患者を描画に導入しやすくする。一定の規約が与えられることが，治療的な場を作り出すこともある。風景構成法の各項目，誘発線法の刺激図形などは，これにあてはまるだろう。日本では，この傾向をもった技法が多いといえる。出来上がったものに対しても，多重性・多重意味を残したまま，むしろ描き手自身のなかでゆっくり作品のもつ意味合いが豊饒化するの

を待つ。

　メンタリティーの違いだけではなく，欧米のこういう姿勢は，神経症圏中心の治療や理論から種々の描画法が始まり，精神病圏の治療へと進んでいった経緯があるからかもしれない。日本では，こうした傾向に加えて精神病対象の一つの理論が描画法に導入加味された。それが，風景構成法に代表される「構成的描画法」という概念である。しかし，神経症圏でも精神病圏でも，欧米でも日本でも，いずれもその根底では，無意識や夢，イメージを描画上に表現することの治療的意義を扱っていることには違いがない。絵画療法・芸術療法の基本的理念として「イメージ・表象機能のもつ自己治癒性」が挙げられる所以がここにある。

　また，環境や対人関係の布置が人生に与える影響の裏には，記号化・抽象化した媒体としての言語のもつ効力や，無意識が発動する夢などが示唆するところの「象徴」という過程のもつ自己治癒性が存在していると考えられる。それを病跡学や精神病理学が示してくれることもあるだろう。

　イメージの自己治癒性とは，ある種，身体における免疫機構と同じような機制が心にも存在しており，精神の核にあるイメージ，とりわけ原初のイメージ（第3章図41参照）と呼ばれるものには，われわれの健康を維持する力が潜在的に内包されていると考えるものである。

　いくら精神が病んでも，その原初のイメージが枯れ果てず，免疫機構と同じく一部でも健在な部分が残っていれば，精神の回復は可能だと考える。その原初のイメージを機軸にして，種々の表象や夢，無意識といったものが迸り出てくる。われわれの意識や思考は言語を媒介にして，これらの流出を制御検閲している。こうした言語的媒体をすり抜けて表出してくる非言語的表現や創作，夢や無意識の力動のなかに自己治癒への方向性が認められる。

第9章

「枠組」のなかの心象
―― イメージ・表象機能の自己治癒性 ――

1. 芸術療法と絵画療法

　日本では，精神医療や精神保健のいろいろな場で，芸術療法 arts therapy が役立てられている。それは，たとえば，総合病院の精神科神経科，精神病院，デイケアや作業所などの中間施設，保健所の精神保健相談，クリニック・診療所，会社・職場のメンタルヘルス，学生のメンタルヘルス，地域における保健センターなどである。そこでは，面接の際に折りに触れて用いられたり，診断面接の指標として，もしくは治療技法の一つとして用いられている。

　芸術療法をイメージの側面から捉えると，「芸術的あるいは創造的な媒介を通じて，人間のイメージ・表象機能のもつ自己治癒性を支え導き出す治療」であると定義づけることができる。その根底には，「イメージ・表象機能の自己治癒性」という理念がある。

　日本の芸術療法は，歴史的には，集団の場・精神病院におけるレクリエーション療法の一環として派生し，そこから徐々に，個人的な場，psychotherapy の場へと持ち込まれていった経緯がある。その背景となる理論的な枠組については，分析理論，ユング派，その他いろいろな学派の理論が取り入れられ，試みられている。

　芸術療法の一翼を担う絵画療法 art therapy では，被験者の精神的視野や心理的空間を，イメージ・表象機能を介して三次元から二次元，すなわち描画空

間へ変換させることで，その内的心的な空間特性をみる。その際に問題になるのが，用いた技法が診断的か治療的か，横断的か縦断的か，内容分析的か形式分析的か，投影的か構成的か，ということである。

　こうした絵画療法においては，主に二つの方向性が認められる。一つは，言語能力が豊富で，防衛が強い人（たとえば，神経症圏や人格障害圏の人）に対し，言語による防衛を突破させて精神病理を析出させ，カタルシスへと導いたり，「描いたものを見る」というフィードバックを通して洞察を深めることによって，より深い言語的治療へと繋げてゆくということである。

　もう一つは，言語能力が乏しい，防衛の脆い人（たとえば，統合失調症など精神病圏の人）に対し，枠をつけた紙の上に，あまり意味を押しつけない，意味に迫られない絵を描いてもらうことにより，イメージの豊饒化をもたらし，その自己治癒力を以て，その人の麻痺したり崩壊した空間や時間の枠組を取り戻すという方向性である。ここでは，空間や時間の構造とともに言語構造も取り戻されてくる。さらに，構造の回復から，内容の豊かさ，ゆとり，潤い，感情の表出といったものが蘇り，言語的な治療へと繋がってゆく。

　上下左右や奥行きを描画空間のなかに感じてもらう「構成的描画法 Composite Drawing Methods」では，精神的視野の枠づけや方向づけが供給されることによって，イメージの自己治癒性が強化されることが期待できる。ここで大切なことは，意味の少ない絵こそが描き手に意味を付随させうるということである。治療者側から特定の意味を押しつけられることなく，その人なりの，できうる限りの意味を，心のなかで温め，増幅し，空間や時間や言語の構造を取り戻してゆくことが重要である。このことは，主に精神病圏に対してのことと思われがちであるが，神経症圏に対しても，このことが自発描画を早め，やはりイメージ・表象機能の自己治癒性を高めることに繋がってゆくと考えられる。「意味の少ない絵こそが」という点であるが，これは課題・テーマとして意味が少ない，すなわち侵襲性が少ない，ということである。「心理テストとしての描画テスト」との違いがここにある。

　本著では，あまり意味を押しつけない・意味に迫られない描画として，樹木画，色彩分割法，なぐり描き法，風景構成法，拡大風景構成法，天象の描画，誘発線法，拡大誘発線法などを取り上げてきた。

2. 絵画療法カルテ

　ここで，絵画療法過程で筆者が自然に行うようになってきた一つの技法を紹介したい。それはすなわち，同じ大きさの新しい画用紙を，一種の「絵画療法カルテ Chart for Art Therapy」として用意して，患者が絵を描いている隣で治療者が共同作業をする形で，その画用紙に絵の形式や内容についての言葉を綴ってゆき，面接のあと，それを患者の描画に重ねるという技法である。

　図で説明すると，（図1）同じ大きさの新しい画用紙Bを，「絵画療法カルテ」として用意して，患者が絵Aを描いている隣で治療者が共同作業をする形で，（図2）その画用紙に年月日，場所，患者の名前，年齢，疾患名，注意す

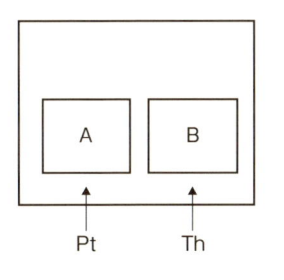

A：描画
B：絵画療法カルテ

図1　絵画療法カルテ①

```
年月日　場所
患者の名前　年齢　疾患名　種々のメモ
〈技法の名称〉
　描画の形式や内容についての言葉や文章
〈技法の名称〉
　治療者側の受けた印象
　言語的問答の記録
```

図2　絵画療法カルテ②

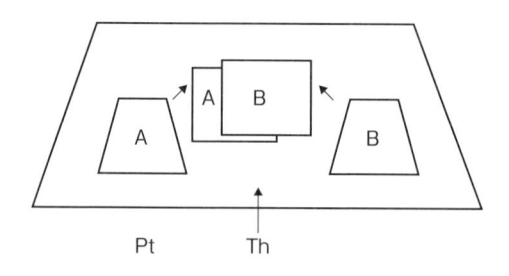

図3　絵画療法カルテ③

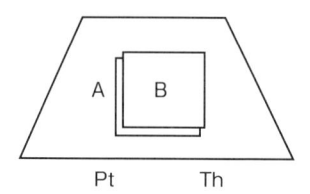

図4　絵画療法カルテ④

べき事柄のメモ，技法の名称を書いたのち，絵の形式や内容についての言葉を綴ってゆき，さらに，治療者の印象や言語的問答の記録を加えて，(図3) 面接のあと，それをさりげなく患者の描画に重ねる (図4)。

以下にこの技法のもつ特徴を抽出してみたい。

絵画療法には，その理論化・普遍化に未だ問題が残されている。それは，たとえば，一般に，しばしばわれわれが尋ねられ，また自問することでもあるが，絵を描いて治療になるのか，イメージの力とはいったい何なのか，内容の分析や形式の分析はどうすればよいのか，どのような客観性があるといえるのか，絵画療法はいわゆる達人にしかできないのか，それとも誰にでもできうる技法なのか，この症例にはどの描画法を適用したらよいのか，などである。

絵画療法は，本来，治療者の才能やカリスマ性，人柄などに左右されず，精神療法を目指す者ならば誰でも抵抗なく試行できるものでありたい。できることなら，言語的治療と同じ意味合いで，広く誰にでもできるようになることが望ましい。

今回の技法は，このような誰もが安心して行えるような手法の提案であると

第9章「枠組」のなかの心象　167

図5

図6

図7

ともに，上述した疑問に答えるための一つのステップでもあるといえる。また，言語的治療への架け橋としての絵画療法の定式化の試みでもある。すなわち，この技法は，枠づけ法のさらに外壁にあたるものとして考えられる，いわば絵画療法のハードに相当するものであり，その定式化のなかで，いろいろな内容の検索や理論化といった，いわばソフトに相当するものが，より導入しやすくなると考えられる。

　話し言葉と書き言葉の相違。話し言葉は入らずとも書き言葉は入ってくる症例があるということ。カルテに患者の日記の言葉やメッセージを書き写すことにも精神療法的な意味があるということ。この技法は，こうした日々の臨床経験のなかで気づいてきた事柄を筆者が自然に絵画療法過程に取り入れた手法である（図5〜7）。

　同じ大きさ，同じ質の画用紙を使って，一緒に共同作業をするということ。

その共同作業のなかで，隣で治療者が絵を描いていると，そちらに注意が向くことが多いかもしれないが，絵ではなく何か文字を書いていると，それほどは注意が向かないということ。一般のカルテや別の種類の紙に文字を書いていると，場合によっては，他の仕事をしていると受け取る人もいるかもしれないが，同種の画用紙に言葉や文章を書いて，書いたあと，患者の描画に重ねることで，「私のこと，私の絵のことを書いていてくれたのだ」ということが伝わるということ。書いている内容には関係なく，書いているという行為自体が，形式として，壷の蓋のように作用する。そこで初めて，この書き言葉は，言語的治療へと繋がってゆくと考えられる，ある種の柔らかい意味をもったメッセージとして伝わることになる。言い換えると，この技法は，いわば書き言葉による治療であり，「関与しながらの観察」の場における，文字を用いたシュヴィングSchwing的な接近であることを示唆している。

　絵が剥き出しだと，「返してください」という人もいる。筆者の経験では，この「絵画療法カルテ」の蓋をするようになってからは，そのように訴えた人には出会ったことがない。もし，患者が家に絵を持って帰っても，「こんな絵を描いてしまった」と後悔することがあるかもしれない。しかし，「絵画療法カルテ」で封印をすることにより，安心感が生まれ，一つのセッションはその場で終了し，その場限りのこととなる。つぎに描く際も，絵画のカルテを作ってくれているということで，描画の導入がしやすくなる。

　「絵画療法カルテ」のなかでは，絵の形式を中心にチェックしてゆくので，毎回の書く量には，それほど大差がでない。また，絵を描いて何になるのかという疑問が描き手に湧いてくることが少なくなる。というのは，むしろ，「私の絵からいろいろ意味あることが引き出され，言語に換算されているのだ」という気持ちを起こさせる，そういうメッセージを治療者が与えることになるからである。これにより，患者の健全な意味世界・意味内容が膨らんでくる。「私の絵には意味や内容があるのだ」と感じることで，意味の世界や内容が，絵画という枠のなかで蘇ってくる。下手な所で湧き上がると妄想に繋がる可能性のあるこうした方向性も，妄想に発展することはなく，絵画療法の枠組のなかで治療的な色彩を帯びてくる。これは，絵画療法の姿勢の根本であり，絵画療法のある種の理論化に繋がってゆくと考えられる。

　この技法は，絵画療法の外枠としての意味を有している。おそらく，共同作業するということの治療的意味や，その際のイメージと言語の混交が重要な鍵

を握っているのであろうし、紙を重ねる際の治療可能性は、描画のもつ言語性を強化するものであろう。すなわち、描画のもつ記号性・多重意味性をより高次の抽象性へと導くものであるといえるだろう。治療者がその場で感じたことをその場で書くことにも意味がある。患者が絵を描いている最中に、その場に居合わせ、その行為に関与することで、治療者側にいろいろな連想が浮かぶことも多い。それはまた、描画から学ぶこともあるし、患者の描画が治療者を癒すこともありうることを示唆している。「絵を描く」「その傍らで字を書く」ことで、治療者も患者も安心感を得、ゆとりが生まれる。それが「絵画療法カルテ」のもつもう一つの大きな治療的意義であろう。

　ここで提示した技法はまた、従来の種々の絵画療法の技法と同じく、イメージと言語の混交を通じて、患者の空虚化し形骸化した言語構造を補強し、言語的治療をより有効なものへと導く手段になりうる。絵画療法には、言語的治療と非言語的治療の狭間に存するものとしての意味合いがある。このことを考慮に入れておくことによって、精神医療や精神保健の場における絵画療法の役割は、より鮮明になり、その適用範囲は、より拡大されてゆくと考えられる。

3. 統合失調症という「枠組」

　絵画療法には、言語的治療と非言語的治療の狭間に存するものとしての意味合いがある。今回紹介した種々の構成的描画法には、ある枠づけされた空間のなかで、「イメージが豊饒化するのを待つ」という共通した姿勢がみられる。その根底には、上述した「イメージ・表象機能の自己治癒性」という理念が存在している。

　心理的空間は、一般に投影的空間と構成的空間に大きく分けられる。序章にも述べたように、描画上に構成的空間を描いてもらうことは、とくに自己の「枠組」が壊れたり麻痺したりしている空間と時間のなかを漂っている統合失調症の人たちにとっては、治療的な意味合いが強い。構成的空間は距離により規定され、距離を媒介として世界を可視的にするからである。

　本著を統合失調症という「枠組」から振り返ると、次の3点が浮かび上がってくる。

①統合失調症は回復しうる・治りうる病いであり，それは，本著で導き出された表現精神病理学的特徴や絵画療法的視座から立証された。
②統合失調症の治療には，夢や無意識の働きと相まって，イメージの力が有効であり，構成的空間表象の舞台でイメージ・表象機能の自己治癒性が開花してくるのを待つことが重要である。
③そのための技法として構成的描画法がある。その代表として，「風景構成法」や「拡大風景構成法」「空の風景」「星空の風景」などを挙げることができる。

　第3章では，人が自ら心に描くものを他者に伝達する経路として一次性表象化（「原点にある心像」を感覚像として切り出す過程）と二次性表象化（切り出されたそれぞれの感覚像に関連性をつけ，一連の文脈を構成する関連表象過程）を想定した（第3章図41参照）。統合失調症患者における表象機能不全には，ものを思い浮かべる一次性表象化がダメージを受けている重篤な段階から，物事を繋ぎ一つの文脈・世界を構成する関連の表象がダメージを受けている段階まで種々認められる。
　拡大風景構成法で用いた空の描画は，イメージの暴走を抑え，やさしくパッケージする力を内包しており，状況依存性を越えた，より根源的なものに根差していると考えられることを本著では強調してきた。そこでは，雲や星の光は，生命性の再認識ということも含めて，一次性表象化を「支える」ことになる。さらに，統合失調症の回復過程では，臨界期あたりより絵画療法を導入すると，とくに非妄想型では，「空や星は風景よりも描きやすい」と訴えることが多い。回復過程が進むにつれ，天象の描画では，散在し宙に浮いた形式の雲や星は描けるが，その下の景色を思い浮かべることができない，という一種の関連表象の不全状態へと移ってゆく。それはすなわち，描画後の空や星と繋がった形で，その下の風景を思い描くことができない，というような二次性表象化の不全状態が現出してくるということである。このことは，回復過程が一次性表象化から起こりうることを示唆しており，それは，原点にある心像や表象機能そのものに治ってゆく力があるということを暗示している。これは，「イメージ・表象機能の自己治癒性」という理念を裏付けるものと考えることができる。
　一方，統合失調症の発病過程の患者では，空の風景で雲や鳥の絵を描く例が，しばしば認められる（第3章図2, 5）。発病過程，急性期，臨界期でも，空

や星は描けることが多い。それは、おそらく、これらの描画が、風景構成法の風景よりは、「原点にある心像」により近いものを象徴しているからなのかもしれない。それらが描けないということ、これは、急性期のある型でみられるが、おそらく、一次性表象化から原点にある心像までが失調していることを示唆しているのであろう。逆に、それらが描けるということは、原点にある心像が一次性表象化を通じて健全に表出されうる可能性を示唆していると考えることができる。すなわち、その患者の根本にある生命性とその回復力を、治療者は信じてもよいということである。

4. 芸術と芸術療法、そして表現病理学

　かつて絵画療法・芸術療法にとって、その発展と展開は、生活療法からの脱却の道であった。そして今、精神療法としての位置を確立してのち、再び、生活療法としてのそれへの回帰を模索しているようにみえる。けっしてそれは元に戻るのではなく、精神療法としてのノウハウや地位を確立してのちにこそ得られる新しい治療法としての位置づけを目指しているものといえるだろう。いろいろな芸術手段、たとえば音楽、ダンス、演劇、コラージュ、箱庭、園芸などとのコラボレイション、遊戯療法とのマッチングなど。かつてそれが、レクリエーション療法の一環として始まったことを鑑みるなら、意義のある新しい領域を求めての回帰であるともいえるだろう。曰く、精神科疾患に対してだけではなく、広く、小児・児童から高齢者福祉・医療全般に至るまでを視野に入れて。芸術医学や芸術心理学といわれる分野の再構築を眺望して。
　この21世紀を迎えた現在においても、科学や技術の発展と進歩に劣らず、アート・芸術の果たす役割は、今後ますます増大してゆくように感じられる。それは、古来より、アートが人の心を繋ぎ、紡ぎ、癒し、熟成させるものであったからだ。その機能は、今もなお、人類には必要とされているだろう。このアート・芸術のもつ力をさまざまな側面から分析しつつ、医療や福祉の分野に応用拡大してゆく学問として、芸術医学や芸術心理学は存在し、また、その治療技法として芸術療法は発展を遂げてきた。
　一般に「表現」とは、内なるものを外界へ・身体の外へ表出する行為であるといえる。そこでは、人間の心に存する「枠組」の存在が前提になってくる。そ

れにより，内と外とが区別されうる。心理的な枠から身体という枠へと考察は進みうる。摂食障害の問題は，身体像，「身体という枠」の歪みであるともいえるだろう。身体という枠を感じること，これは，絵画療法をはじめ，芸術療法一般についていえることである。感覚系を介して，身体という枠の健全さを取り戻すということ，舞踏療法やダンス・ムーヴメント療法の意味合いも，そこにある。とくに，精神病の人は身体感覚が薄れたり，歪んだりすることが多い。

　人間は，文明の名のもとに，身体の外にさらに枠を造ってきた。家族，家庭，学校，会社など社会的な「枠組」がそれである。そればかりでなく，自ら，自然の空間のなかに，物理的・人工的な枠をも造っていった。それが，家や建物などの建築である。精神医学においても，建物，すなわち病院は，最大の治療道具であるという言葉がある。空間の趣，椅子や机の配置一つが精神療法的意味合いをもつ。自然の空間を人工的に仕切るということ，外界に自らの枠組や空間を創造するということは，人間の人間たる，魂の拠り所に繋がるのではないだろうか。この自然と人間の魂の接点として，芸術は存在する。

　自然や環境から何かを切り取って，その時感じた感覚をもとに，それを再構成し，空間を仕切ったり，自らの感覚をより遠くに拡げたり，その歪みを戻したりして，環境との調和を求め，自然な身体の感覚を取り戻すということ，芸術はそういう役割をも果たしているとはいえないだろうか。文明とか科学とかによる自然の切り取り方とは違った，何かそれらを補正し，そっと被うように働くところに，芸術の意味はあるように思われる。それゆえにこそ，芸術療法や表現病理学は，まさに人間の精神と身体にそのような働き掛けをしてくれるものとして位置づけられうるといえるのではないだろうか。

あとがき

　あとがきを綴るにあたり，真っ先に謝辞を申し上げたいのは，編集者，現金剛出版社長の立石正信氏である。
　あれは，私が東京大学医学部助手・分院神経科医局長から埼玉大学保健センター助教授に移って間もない1994年のある日，氏が突然，私の埼玉大学の部屋を訪ねてこられた。その年に『臨床精神医学』に依頼され，まとめて出していた「風景画の臨床表現病理」を読まれて，このような内容の単行本を是非出したい，題は風景構成法にしたい，「風景構成法」を題材にした本は少なく，自社からも出版したい，できれば書き下ろしにしてほしい，という内容の話だった。その当時，この私の，この論文を読んでこれほどまで評価してくださる編集者がいるということが，どれほど嬉しいことであったか。
　何日か考え抜いた末，書き下ろしはまだ無理だろうと判断した私は，それまで出した論文をまとめたものならできるかもしれないと話し，題名は，『風景構成法──「枠組」のなかの心象』とすることで合意した。しかし，それからが長かった。19年である。この間，編著書，共著書，分担執筆書，訳書はいくつか出したが，この本だけは，こだわりが強かった。図版に対しても，こだわった。
　その年月，辛抱強く待ち続けてくださり，いつも気持ちよく対応してくださった立石氏に心より感謝申し上げたい。幸いにして，今なお風景構成法の本は少なく，この分野に興味・関心をもたれる読者には，格好の専門書となろう。加えて，各章は初出から長い時間が経過しており，現代版風に大幅に加筆修正をした。奇しくも書き下ろし風になっている。

さらにこの場を借りて，私を，この現在，本著を出版するに至る私になるまで支えてくださった次の三者に心から感謝申し上げたい。中井久夫先生と徳田良仁先生，そして米国の故イレーネ・ヤカブ先生 Prof. Irene Jakab である。

　当時神戸大学精神科教授であられた中井久夫先生は，20代の私が生きることに悩みに悩みぬいて辿り着いた人生の師である。なぜ生きているのか，どうやって生きていったらよいのか，このまま医者になってよいのか，そうやって生き続けていってよいのか，を悩んでいた私は，「人間が好きですか？……それなら，一緒にやってゆきましょう」と言ってくださった先生にどれだけ救われたことだろうか。先生と過ごした時間は珠玉の年月であり，臨床や学問ばかりでなく人生の生き方を教わる場であった。今も尚繰り返し私は，あの洗練された瞬間瞬間を反芻している。

　当時日本芸術療法学会理事長であられた徳田良仁先生は，神戸大学時代から今日の多摩美術大学教授に至るまで，私という存在を陰になり日向になり励まし支えてくださった。私という個の存在を絶対的に肯定し，自身でさえ疑念を抱いていたその能力を信じて疑わなかった。そういう先達がいてくださることが，どれだけ私の安定化に繋がったであろう。1993年，世界精神保健会議が幕張で行われた際，発表した私に座長を務めておられた先生は，「きら星のごとく」と評された。あの時を忘れはしない。私の人生の絶頂であった。

　イレーネ・ヤカブ先生 Prof. Irene Jakab は，海外から私を最も評価し支え続けてくださった人である。先生との最初の出会いは，1985年の日本芸術療法学会に来日された折りのこと，学会が制定した Japan Prize の第1回受賞者となられたその記念講演を聴いたときであった。ピッツバーグ大学精神科正教授の先生にはおっかなびっくりで，ずいぶん厳しそうな人だなあというのが第一印象だった。ところが，1990年代，私が海外の学会で発表する機会が増えると，いろいろな場で先生に会うこととなる。

　名誉教授になり，古巣のハーバード大学に戻りアメリカ表現精神病理学会 ASPE を率いていた先生は，にこやかで温厚で，的確に私を導いてくださった。ハーバード大学や附属精神病院であるマクリーン病院 McLean Hospital，フランスのビアリッツ Biarritz などの国際表現精神病理学会 SIPE-AT の場や，ハンガリーのブダペスト Budapest やペーチ Pécs などで教えを請うたものである。ボストンの家に招いてくださったこともあった。エレベーターで降り地下の書庫を見たときの驚き，2階のベランダで遠く林と家並みを眺めつつ語ったひとときを忘れはしない。「私はひとりこの地に来たの。そして，この家を建てた。両親をハンガリーから呼

んで見送ったわ。そして，私はここにいる」。眺めていた景色は，彼女の心象風景となっていたのかもしれない。一昨年故人となられた先生の生前にこの本を贈ることができなかったことが悔やまれる。心から感謝し，この書を捧げたい。

あれは2000年の1月2日，私が人生で最大の絶望に打ちひしがれていた時，先生からの一通の手紙が届いた。2000年度のエルンスト・クリス賞 Ernst Kris Prize（アメリカ表現精神病理学会賞本賞）に私が選ばれたという内容だった。暗闇のどん底にいた私は，あの手紙に救われ，新たなもう一歩を踏み出すことができた。

マーガレット・ナウムブルグ氏が第1回受賞者である名誉あるその賞の授賞式，9月15日の朝，マクリーン病院の会場で若かった私を見つめながら，その業績と評価を告げるヤカブ先生は気高く清らかでやさしかった。それは，私がこの人生を生きてきた証を得た瞬間であった。

こうして，この本は出来上がった。振り返ればそれは，エルンスト・クリス賞受賞への道のりであったのかもしれない。どの章も，その初出は歩んだ道の一点を指しており感慨深い。そしてまた，患者さんたちの描いた絵は，一枚一枚均等に，その未来を語っている。それらの章が並んで一冊をなしている本稿は，新しくひとつのストーリーを形成しており，それはこの今を刻んでいる。

　2013年9月5日　東京代官山にて

伊集院 清一

参考文献

Adams LS: Art and Psychoanalysis. Icon Editions, 1993.
安藤治: 離人症の精神療法過程と描画: 描画による身体, 主体性の回復. 日本芸術療法学会誌, 17; 15-23, 1986.
Bader A, Navratil L: Zwischen Wahn und Wirkrichkeit, Verlag von CJ Bucher, Luzern, 1976.
Balint M: Thrills and Regressions. Hogarth Press and the Institute of Psycho-Analysis, London, International Universities Press, New York, 1959. (中井久夫, 滝野功, 森茂起訳: スリルと退行. 岩崎学術出版社, 東京, 1991.)
Balint M: The Basic Fault: Therapeutic Aspects of Regression. Tavistock, London, 1968. (中井久夫訳: 治療論からみた退行: 基底欠損の精神分析. 金剛出版, 東京, 1978.)
Blankenburg W: Der Verlust der Natürlichen Selbstverständlichkeit: Ein Beitrag zur Psychopathologie symptoarmer Schizophrenien. Ferdinand Enke Verlag, Stuttgart, 1971. (木村敏, 岡本進, 島弘嗣訳: 自明性の喪失: 分裂病の現象学. みすず書房, 東京, 1978.)
Buck JN: The H-T-P Techinique: a qualitative and quantitative scoring manual. Journal of Clinical Psychology, 4; 317-396, 1948. (加藤孝正, 荻野恒一訳: HTP診断法. 新曜社, 東京, 1982.)
Burns RC: Kinetic-House-Tree-Person Drawings (K-H-T-P): An Interpretative Manual. Brunner/Mazel, New York, 1987. (伊集院清一, 黒田健次, 塩見邦雄訳: 動的H-T-P描画診断法. 星和書店, 東京, 1997.)
Cachin F, Moffett CS, Melot M: Manet, 1832-1883. Éditions de la Réunion des musées nationaux, Paris, 1983.
Cameron N: Schizophrenic thinking in a problem-solving situation. J. Ment. Sci., 85; 1012, 1939.
Conrad K: Die beginnende Schizophrenie. Georg Thieme, Stuttgart, 1958. (山口直彦, 安克昌, 中井久夫訳: 分裂病のはじまり. 岩崎学術出版社, 東京, 1994.)
傳田健三, 田中哲, 笠原敏彦: 相互性を加味した一描画法. 日本芸術療法学会誌, 18; 59-66, 1987.
土居健郎: うつ病の精神力学. 精神医学, 8; 978-985, 1966.
土居健郎: 「甘え」の構造. 弘文堂, 東京, 1971.
土居健郎: 方法としての面接. 医学書院, 東京, 1977.
土居健郎: 臨床精神医学の方法. 岩崎学術出版社, 東京, 2009.
Ellenberger HF: The Discovery of the Unconscious: The History and Evolution of Dynamic Psychiatry. Basic Books, New York, 1970. (木村敏, 中井久夫監訳: 無意識の発見: 力動精神医学発達史. 弘文堂, 東京, 1980.)
衛藤進吉: 急性分裂病者の回復過程における世界図式の変遷: 風景構成法による検討. 芸術療法, 16; 7, 1985.
藤原茂樹, 小林信三, 徳田良仁: 精神疾患を伴う難聴者の描画表現. 日本芸術療法学会誌, 21 (1);

155-163, 1990.
藤山直樹：集中講義・精神分析，上巻，下巻．岩崎学術出版社，東京，2008-2010．
福本修：アパシーの心性について：その基本的不安と防衛機制の理解．第14回大学精神衛生研究会報告書，pp.96-99, 1993．
福本修：アリスの仕掛けと限界：境界侵犯と反－成長の世界．日本病跡学雑誌，58; 31-40, 1999．
Goldstein K, Scbeerer M: Abstract and concrete behaviour. Psychol. Monogr., 53; 239, 1941.
五味渕隆志：ファントム空間論の周辺．こころの臨床ア・ラ・カルト，9 (3); 21-24, 1990．
五味渕隆志：シャーロック・ホームズの性格：生活史の視点から．日本病跡学雑誌，47; 23-31, 1994．
Gomibuchi K, Gomibuchi T, Akiyama T, Ijuin S: The Transitions in the Drawings by an Epileptic Patient during Admission Treatment. Japanese Bulletin of Arts Therapy, 26 (1); 42-53, 1995.
後藤佳珠：「風景構成法 (中井，1970年)」と「イメージ造形技法」を主とする心理療法過程への適用．中井久夫著作集別巻 H・NAKAI風景講成法 (山中康裕編)，岩崎学術出版社，東京，1984．
後藤多樹子，中井久夫："誘発線"(仮称)による描画法．芸術療法，14; 51-56, 1983．
Gross G: Prodrome und Vorpostensyndrome schizophrener Erkrankungen. Huber, G.: Schizophrenie und Zyklothymie: Ergebnisse und Probleme. Georg Thieme, Stuttgart, 1969.
Hárdi I: Productivity and Creativity: Psychopathological Aspects of Development. Developmental Aspects of Creativity (Jakab I ed.), pp.135-158, Brookline, MA, 2001.
林直樹：境界例の精神病理と精神療法．金剛出版，東京，1990．
Holm-Hadulla RM: Der "Konkretismus" als Ausdruck schizophrenen Denkens, Sprechens, und Verhaltens. Nervenarzt, 53; 524, 1982.
細木照敏，中井久夫，大森淑子，高橋直美：多面的HTP法の試み．芸術療法，3; 61-67, 1972．
市橋秀夫：慢性分裂病者の体験構造と描画様式．芸衛法，4; 27, 1972．
市橋秀夫：他技法との比較．中井久夫著作集別巻 H・NAKAI風景構成法 (山中康裕編)，岩崎学術出版社，東京，1984．
市橋秀夫：臨界期描画の意味するもの．芸術療法，16; 23, 1985．
市橋秀夫，吉田洋子，大堀カツ子ほか：慢性分裂病者の存在様式と絵画表現．芸術療法，3; 61, 1971．
飯田眞，中井久夫：天才の精神病理．岩波書店，東京，1972．
Iida Y, Makihara S, Ijuin S: Humorous Expression of Sexual Drive in Art Therapy and its Psychotherapeutic Significance. L'Humour: Histoire, Culture et Psychologie (Sous la direction de Roux G, Laharie M), pp.365-368, SIPE, Pau, 1998.
飯森眞喜雄，伊集院清一編：芸術療法実践講座2絵画療法II．岩崎学術出版社，東京，2009．
伊集院清一：イメージ・表象の意味あいと可能性．芸術療法，18; 101-104, 1987．
伊集院清一：風景構成法と表象機能．兵庫精神医療，9; 46-59, 1988．
伊集院清一：拡大風景構成法における天象・地象表現と精神的視野．芸術療法，20; 29-46, 1989．
伊集院清一：拡大誘発線法における"埋没化"現象：人物部分刺激として捉えた際の反応についての省察．日本芸術療法学会誌，21 (1); 16-26, 1990．
伊集院清一：絵画療法における構成的空間表象の病理：分裂病者の心理的空間についての省察．imago, 2 (3); 167-177, 1991．
伊集院清一：表現病理学からみた分裂病者の「生きられる空間」：E・ミンコフスキー再考へのプロローグとして．imago, 2 (6); 185-191, 1991．
伊集院清一：「枠組」のなかの憧憬：精神世界と視覚文化．imago, 2 (10); 121-127, 1991．
伊集院清一：構成的空間表象の病理／構成的描画法の治療的意義：分裂病者を中心として．日本芸術療法学会誌，22 (1); 5-14, 1991．
伊集院清一：妄想と表現病理．精神医学レビュー5 妄想 (関根義夫編)，pp.64-69，ライフサイエンス社，東京，1992．

伊集院清一：表現とは何か：絵画療法の立場から．日本芸術療法学会誌, 24 (1)；201-203, 1993.
伊集院清一：風景画の臨床表現病理．特集「描画の臨床と表現病理」臨床精神医学, 23 (10)；1183-1193, 1994.
伊集院清一：絵画療法から芸術医学へ．こころの健康（日本精神衛生学会誌）, 10 (1)；79-85, 1995.
伊集院清一：絵画療法の理論と実際．日本芸術療法学会誌, 26 (1)；172-173, 1995.
伊集院清一作詞，黒沢吉徳作曲：海・海を求めて．JASRAC 作品コード 030-6794-7．THE CHORUS '95 混声／女声編．教育芸術社，東京，1995．合唱曲集 NEW！ 心のハーモニー コーラス・パーティ 5．教育芸術社，東京，2001．音多多重パート練習用 CD Chorus ONTA Vol.5．教育芸術社，東京，2003．風の軌跡：黒沢吉徳混声合唱作品集．教育芸術社，東京，2007．
伊集院清一：ある留学生の風景構成法の変遷．第 17 回全国大学メンタルヘルス研究会報告書, pp.42-44, 1996.
伊集院清一：拡大風景構成法：表象機能と分裂病の表現病理，雲の描画法，空・星空の風景，そして地上への回帰．風景構成法その後の発展（山中康裕編著），pp.111-143, 岩崎学術出版社, 東京, 1996.
伊集院清一：アパシー症候群と絵画療法．第 18 回全国大学メンタルヘルス研究会報告書, pp.74-76, 1997.
伊集院清一：治療としての絵画療法．治療のテルモピュライ：中井久夫の仕事を考え直す, pp.131-158, 星和書店, 東京, 1998.
伊集院清一：精神分裂病とその表現病理．芸術療法（徳田良仁，大森健一，飯森眞喜雄，中井久夫，山中康裕監修），1 理論編，2 実践編，第 1 巻第 7 章, pp.90-102, 岩崎学術出版社, 東京, 1998.
伊集院清一：描画法を用いた臨床についての展望．現代のエスプリ 390「心の病の治療と描画法」, pp.35-46, 2000.
伊集院清一：絵画療法．臨床精神医学 2000 年増刊号「今日の精神科治療 2000」, pp.273-278, 2000.
伊集院清一：学生を見守る教職員集団の形成に向けて：大学を一つの有機的構造体としてみたとき．第 22 回全国大学メンタルヘルス研究会報告書：シンポジウム「大学人として生きる：教職員とのメンタルヘルス」, pp.100-105, 2001.
伊集院清一：非機能性・器質性精神病の表現病理と絵画療法による治療可能性について：「痴呆性」疾患を視野に入れて．臨床精神医学 2001 年増刊号「表現病理と芸術療法」, pp.52-59, 2001.
伊集院清一：エルンスト・クリス賞とアメリカ表現精神病理学会：アメリカ表現精神病理学会 2000 年国際大会（ハーバード大学マクリーン病院）(American Society of Psychopathology of Expression International Congress 2000 in Harvard Medical School McLean Hospital) に招待されて．日本芸術療法学会誌, 31 (2)；77-82, 2001.
伊集院清一：絵画療法：その精神療法としての治療可能性．精神医学：その基盤と進歩（吉松和哉，松下正明編），pp.210-223, 朝倉書店, 東京, 2002.
伊集院清一：イレーネ・ヤカブ『精神医学における絵画表現』．精神医学の名著 50（福本修，斎藤環編），pp.496-504, 平凡社, 東京, 2003.
伊集院清一：絵画療法：人間のイメージ・表象機能がもつ自己治癒性を導き出す．精神看護, 6 (3)；29-37, 2003.
伊集院清一：エゴン・シーレの「四本の木」：寓意と象徴の表現病理．多摩美術大学研究紀要, 20；135-143, 2006.
伊集院清一：絵画療法：その精神病の精神療法としての理論的枠組．臨床精神医学 2006 年増刊号「今日の精神科治療指針 2006」, pp.485-493, 2006.
伊集院清一：学生を見守る教職員集団の形成に向けて：大学を一つの有機体としてみたとき．学生相談室報告書 2, pp.6-11, 多摩美術大学学生相談室, 東京, 2006.
伊集院清一：表現病理学の境界線を求めて．第 39 回大会特集シンポジウム「いま改めて表現の精神

病理を問う」日本芸術療法学会誌, 38 (1) ; 33-42, 2008.
伊集院清一: 芸術の視点からみた風景構成法. 現代のエスプリ505「風景構成法の臨床」, pp.23-31, 2009.
伊集院清一: 21世紀の芸術療法・表現病理学に向けて. 芸術療法実践講座2 絵画療法Ⅱ (飯森眞喜雄, 伊集院清一編), pp.7-11, 岩崎学術出版社, 東京, 2009.
伊集院清一: アートセラピー・芸術療法の観点からみた統合失調症における心的機制についての一論. 芸術療法実践講座2 絵画療法Ⅱ (飯森眞喜雄, 伊集院清一編), pp.145-155, 岩崎学術出版社, 東京, 2009.
伊集院清一: アートセラピーと病院構造. クォータリーまちだ市民病院, 6; 4, 町田市民病院, 東京, 2010.
伊集院清一: 幻の隆盛. 学術通信, 95; 2-4, 岩崎学術出版社, 東京, 2010.
伊集院清一: 絵画療法の精神療法としての治療可能性. 日本芸術療法学会誌, 40 (2) ; 7-29, 2011.
伊集院清一: アパシー症候群の表現病理と絵画療法. 日本芸術療法学会誌, 40 (2) ; 44-55, 2011.
伊集院清一: 芸術療法の歴史と背景. 「美術教育活動とアートセラピーの共同研究」多摩美術大学研究紀要, 26; 162-166, 2012.
伊集院清一:「持続性離人」という事態: 離人症の症状変遷の精神病理 (離人症スペクトラムの提唱). 臨床精神病理, 33 (1) ; 109-110, 2012.
Ijuin S: Therapeutic Meanings of Compositive Drawing Methods for Schizophrenics: From a Viewpoint of Their Sky/Earth Expressions and Psychic Fields. Japanese Bulletin of Arts Therapy, 24 (1) ; 172-181, 1993.
Ijuin S: Art Therapy as an Intermediate between Verbal and Non-Verbal Psychotherapies in Mental Health Settings: A Proposal of the "Chart for Art Therapy." Japanese Bulletin of Arts Therapy, 25 (1) ; 51-56, 1994.
Ijuin S: Therapeutic Meanings of Compositive drawing Methods for Schizophrenics. Psychopathology of Expression and Art Therapy in the World (Jakab I, Hárdi I eds), pp.149-166, Animula, Budapest, 1995.
Ijuin S: Characteristics of Art Therapy for Recent Foreign Students in Japanes Universities and Colleges. The Influence of Recent Socio-Political Events on Fine Arts and on Patient's Art (Jakab I ed), pp.33-47, The American Society of Psychopathology of Expression, Brookline, MA, 1996.
Ijuin S: Psychopathological Characteristics of Expression in Schizophrenia: Pseudo-Abstraction and Over-Concreteness. Japanese Bulletin of Arts Therapy, 27 (1) ; 153-154, 1996.
Ijuin S: Basic Concepts of Art Therapy in Japan: The Self-Healing Tendency of Images and Composite Drawing Methods. Arts Medicine (Pratt RR, Tokuda Y eds), pp.15-22, MMB Music, St Louis, 1997.
Ijuin S: Apathy Syndrome and its Humor. L'Humour: Histoire, Culture et Psychologie (Sous la direction de Roux G, Laharie M), pp.252-255, SIPE, Pau, 1998.
Ijuln S: A Theory of Psychological Mechanisms in Schizophrenia from a Viewpoint of Art Therapy. Developmental Aspects of Creativity (Jakab I ed), pp107-120, The American Society of Psychopathology of Expression, Brookline, MA, 2001.
Ijuin S: An Introduction of Art Therapy in Japan. Arts-Therapies-Communication (Kossolapow L, Scoble S, Waller D eds), pp.427-433, Lit Verlag, Münster-Hamburg-Berlin, 2001.
Ijuin S: Recent Advances in the Psychopathology of Expression and Art Therapy in Japan. Dynamik psychischer Prozesse in Diagnose und Therapie (Sehringer W und Vass Z Hrsg), pp.179-185, Flaccus Kiadó, Budapest, 2004.

Ijuin S: Media Intervention in the Creative Process: Allegory and Symbolization. Mass Media and Mental Health: Their Influence on Each Other (Jakab I ed), pp.140-141, The American Society of Psychopathology of Expression, Brookline, MA, 2005.
伊集院清一,三田達雄,李博子,前田潔,塩沢俊一:多彩な精神神経症状を示したMCTD:精神症状の増悪が身体症状のそれに先行して消長するのを特徴とする経過.精神医学,28(7);789,1986.
伊集院清一,山口直彦,前田潔:いわゆる臨界期にとどまりながら時に短時間の幻覚妄想状態を呈した分裂病性精神病症倒の覚知性,知覚,思考過程について.精紳科治療学,1(4);637,1986.
伊集院清一,中井久夫:風景構成法:その未来と方向性.特集「臨床精神医学診断アトラス'88」臨床精神医学,17(6);957-968,1988.
伊集院清一,渡辺達正,中山隆右,保高一仁,世一安子:認知症予防教室におけるアートセラピー:高齢者の生活と芸術療法の接点.多摩美術大学研究紀要,20;186-194,多摩美術大学,東京,2006.
伊集院清一,渡辺達正,中山隆右,保高一仁:予防自助組織としての絵画サークル:高齢者絵画教室におけるアートセラピーのこころみとその臨床的意義.多摩美術大学研究紀要,21;175-180,多摩美術大学,東京,2007.
今川正樹:第18回日本芸術療法学会抄録,p.17,1986.
井村恒郎監修:臨床心理検査法.医学書院,東京,1967.
In der Beeck M: Merkmale Epileptischer Bildnerei mit Pathographie Van Gogh. Bern Hans Huber, 1982.(徳田良仁訳:真実のゴッホ.西村書店,新潟,1992.)
井上亮:風景講成法と家屋画二面法:精神分裂病者の"棲まい"方からみた"風景"試論.中井久夫著作集別巻H・NAKAI風景構成法(山中康裕編),岩崎学術出版社,東京,1984.
石川嘉津子:境界例の風景構成法から.芸術療法,14;43,1983.
岩井寛:色と形の深層心理.NHKブックス,東京,1985.
岩崎徹也ほか編:治療構造論.岩崎学術出版社,東京,1990.
Jakab I: Dessins et peintures des aliénés. Akadémiai Kiadó Budapest, 1956.
Jakab I: The Role of Art Expression in Psychiatry: The Past, the Present, and the Future. Psychopathology of Expression and Art Therapy in the World (Jakab I, Hárdi I eds), pp.11-32, Animula, Budapest, 1995.
Jakab I: Pictorial Expression in Psychiatry. Akadémiai Kiadó, Budapest, 1998.
Jakab I: Developmental Aspects of Creativity. Developmental Aspects of Creativity (Jakab I ed). pp.13-32, The American Society of Psychopathology of Expression, Brookline, MA, 2001.
Jakab I: Changes in public opinion about psychopathological art. Japanese Bulletin of Arts Therapy, 23 (1); 35-44, 2002.
Jakab I ed: The influence of Recent Socio-Political Events on Fine Arts and on Patient's Art. The American Society of Psychopathology of Expression, Blookline, MA, 1996.
Jakab I ed: Developmental Aspects of Creativity. The American Society of Psychopathology of Expression. Blookline, MA, 2001.
Jakab I ed: Mass Media and Mental Health: Their Influence on Each Other. The American Society of Psychology of Expression, MA, 2005.
Jakab I, Hárdi I eds: Psychopathology of Expression and Art Therapy in the World. Animula, Budapest, 1995.
Jakobson R: Essais de linguistique générale. Éditions de Minuit, 1963.(川本茂雄監修,田村すゞ子,長嶋善郎,中野直子訳:一般言語学.みすず書房,東京,1973.)
Jaspers K: Allgemeine Psychopathologie. J Springer, Berlin, 1913.(西丸四方訳:精神病理学原論.みすず書房,東京,1971.)

皆藤章：風景構成法：その基礎と実践．誠信書房，東京，1994．
皆藤章編：風景構成法の臨床．現代のエスプリ505，至文堂，東京，2009．
Kalff DM: Das Sandspiel, seine therapeutische Wirkung auf die Psyche. Rascher Velag. Zürich und Stuttgart, 1966.(河合隼雄監修，大原貢，山中康裕訳：カルフ箱庭療法．誠信書房，東京，1972．)
笠原嘉：アパシー・シンドローム．岩波書店，東京，1984．
笠原嘉：退却神経症．講談社，東京，1988．
笠原嘉，山田和夫編：キャンパスの症状群：現代学生の不安と葛藤．弘文堂，東京，1981．
加藤千恵子，伊集院清一，畠山直輝，鳥谷部達：画像解析による画家の心理的背景の解明．電子情報通信学会ソサイエティ大会講演論文集，2009．
加藤清：分裂病者と生きる．金剛出版，東京，1993．
加藤敏：創造性の精神分析．新曜社，東京，2002．
河合隼雄：箱庭療法：技法と治療的意義について．京都カウンセリングセンター紀要2; 1, 1966．
河合隼雄：箱庭療法．芸術療法1; 23-31, 1970．
河合隼雄：風景構成法について．中井久夫著作集別巻H・NAKAI風景構成法（山中康裕編），岩崎学術出版社，東京，1984．
河合隼雄編：箱庭療法入門．誠信書房，東京，1969．
川久保芳彦：色彩ピラミッド・テストと臨床．臨床描画研究Ⅳ，pp.16-32，金剛出版，東京，1989．
木村敏：分裂病の現象学．弘文堂，東京，1975．
木村敏：自己・あいだ・時間：現象学的精神病理学．弘文堂，東京，1981．
北山修：錯覚と脱錯覚．岩崎学術出版社，東京，1985．
Klopfer B, Kelley D: The Rorschach Technique. Yonkers-on-Hudson, NY World Book Company, 1942.
Klopfer B, Davidson H: The Rorschach Technique: An Introductory Manual. NY Harcourt, 1962. (河合隼雄訳：ロールシャッハ・テクニック入門．ダイヤモンド社，東京，1964．)
Koch C: Der Baumtest. Verlag Hans Huber, Bern, 1949.(林勝造，国吉政一，一谷彊訳：バウムテスト：樹木画による人格診断法．日本文化科学社，東京，1970．)
Kossolapow L, Scoble S, Waller D eds: Arts-Therapies-Communication. Münster-Hamburg-Berlin, 2001.
Kris E: Ego development and the comic. International Journal of Psychoanalysis, 19; 77-90, 1938.
Kris E: Psychoanalytic Explorations in Art. International Universities Press, New York, 1952.
工藤明人，伊集院清一，山本由子：精神疾患学生の修学状況について．第16回大学精神衛生研究会報告書，pp.53-55, 1995．
Lucas X: Artists in Group Psychotherapy: The Emergence of Creativity. Litsas Medical Books, Athens, 1980.
Lucas X: An exploration of the dynamic aspects of image creation, image function, and their verbal associations in the psychotherapeutic process. Japanese Bulletin of Arts Therapy, 32 (1); 49-56, 2002.(伊集院清一訳：イメージ，言語，そして創造性：それらの治療過程において果たす役割の力動的側面について．日本芸術療法学会誌，32(1); 57-61, 2002)．
Lucas X ed: Irene Jakab: The collected works on psychopathology of expression. 1994.
牧原総子，伊集院清一：患者・治療者間の心的距離に対する絵画療法の有用性について：誘発線法と色彩分割法の新しい適用．日本芸術療法学会誌，28(1); 29-40, 1997．
Makihara S, Ijuin S: Therapeutic Distances between Patient and Therapist in Art Therapy: Focusing on the Humorous Aspects through Psychotherapeutic Processes for a Patient of Affective Disorder with Gender Identity Disorganization. L'Humour: Histoire, Culture et Psychologie (Sous la direction de Roux G, Laharie M), pp.355-359, SIPE, Pau, 1998.

松浪克文:夏目漱石の創造性と風土.日本病跡学雑誌,48; 33-40, 1994.
三上直子:S-HTP法:統合型HTP法における臨床的・発達的アプローチ.誠信書房,東京,1995.
湊博昭ほか:スチューデント・アパシー.臨床精神医学,19(6); 855, 1990.
三根芳明:摂食障害者の絵画表現について:神経性無食欲症と神経性大食症との比較.日本芸術療法学会誌,28(1); 135-145, 1990.
Minkowski E: La Schizophrénie: Psychopathologie des schizoïdes et des schizophrènes. Payot. Paris, 1927. Nouvelle édition, Desclée de Brouwer, Paris, 1953.(村上仁訳:精神分裂病:分裂性性格者及び精神分裂病者の精神病理学.みすず書房,東京,1954.)
Minkowski E: Le Temps vécu: Études phénoménologiques et psychopathologiques. D'Artrey, Paris, 1933, réimpression, Delachaux et Niestlé, Neuchâtel, Suisse, 1968.(中江育生,清水誠,大橋博司訳:生きられる時間:現象学的・精神病理学的研究1, 2.みすず書房,東京,1972-1973.)
Minkowski E: Vers une cosmologie: Fragments philosophiques. Aubier, Paris, 1936. Nouvelle édition. 1967.(中村雄二郎,松本小四郎訳:精神のコスモロジーへ:哲学的断章群.人文書院,京都,1983.)
宮本忠雄:エドゥワルド・ムンクの空間:「空間の病い」としての精神分裂病.芸術療法,2; 59-69, 1971.
宮本忠雄:太陽と分裂病:「太陽体験」の仮設.芸術療法,4; 75-76, 1973.
宮本忠雄:太陽と分裂病:ムンクの太陽壁画によせて.分裂病の精神病理3(木村敏編),東京大学出版会,東京,1974.
宮本忠雄:精神分裂病の世界.紀伊国屋書店,東京,1977.
宮本忠雄:病跡研究集成.金剛出版,東京,1997.
森谷寛之:枠づけ効果に関する実験的研究:バウム・テストを利用して.教育心理学研究,31(1); 53, 1983.
森谷寛之:九分割統合絵画法と家族画.臨床描画研究Ⅳ(家族画研究会編),金剛出版,東京,1989.
森谷寛之:子どものアートセラピー:箱庭・描画・コラージュ.金剛出版,東京,1997.
森谷寛之,森省二,大原貢:バウム・テストにおける枠づけ効果:症例研究.心理臨床学研究1(2); 73, 1984.
向井巧:急性精神病状態からの寛解過程における里程標としての風景構成法と脳波所見.中井久夫著作集別巻H・NAKAI風景構成法(山中康裕編),岩崎学術出版社,東京,1984.
村井靖児:音楽療法の基礎.音楽之友社,東京,1995.
村上仁:異常心理学.岩波全書,東京,1952.
村上仁:精神病理学論集1, 2.みすず書房,東京,1971.
中井久夫:精神分裂病者の言語と絵画.ユリイカ,3(2); 87-95, 1971.
中井久夫:精神分裂病者の精神療法における描画の使用:とくに技法の開発によって得られた知見について.芸術療法,2; 77-90, 1971.
中井久夫:描画をとおしてみた精神障害者:とくに精神分裂病者における心理的空間の構造.芸術療法,3; 37-51, 1972.
中井久夫:精神分裂病の寛解過程における非言語的接近法の適応決定.芸術療法,4; 13-25, 1973.
中井久夫:精神分裂病状態からの寛解過程:描画を併用せる精神療法をとおしてみた縦断的観察.分裂病の精神病理2(宮本忠雄編), pp.157-217,東京大学出版会,東京,1974.
中井久夫:枠づけ法覚え書.芸術療法,5; 15-19, 1974.
中井久夫:精神分裂病者への精神療法的接近.臨床精神医学,3(10); 1025, 1974.
中井久夫:分裂病の発病過程とその転導.分裂病の精神病理3(木村敏編),東京大学出版会,東京,1974.
中井久夫:"芸術療法"の有益性と要注意点.芸術療法,7; 55, 1976.

中井久夫: 分裂病と人類: 一つの試論. 分裂病の精神病理6(安永浩編), 東京大学出版会, 東京, 1977.
中井久夫: 奇妙な静けさとざわめきとひしめき: 臨床的発病に直接先駆する一時期について. 分裂病の精神病理8(中井久夫編), 東京大学出版会, 東京, 1979.
中井久夫: 造形療法ノートより. 芸術療法講座1(徳田良仁, 武正健一編), pp.115-126. 星和書店, 東京, 1979.
中井久夫: 心身症の一例. 臨床精神医学論集(土居健郎教授還暦記念論文集), pp.80-118, 星和書店, 東京, 1980.
中井久夫: 分裂病と人類. 東京大学出版会, 東京, 1982.
中井久夫: 精神科治療の覚書. 日本評論社, 東京, 1982.
中井久夫: 絵画療法の実際. 精神医療における芸術療法(徳田良仁, 式場聡編), 牧野出版, 東京, 1982.
中井久夫: 絵画活動. 理学療法と作業療法, 17(8); 1983.
中井久夫: 十余年後に再施行した風景構成法. 芸術療法, 14; 57, 1983.
中井久夫: エランベルジェ教授とロールシャッハについて: 編集者への手紙. 中井久夫著作集, 第2巻, 岩崎学術出版社, 東京, 1984.
中井久夫: 風景構成法と私. 中井久夫著作集別巻H・NAKAI風景構成法(山中康裕編), 岩崎学術出版社, 東京, 1984.
中井久夫: 中井久夫著作集: 精神医学の経験1～6, 別巻1～2. 岩崎学術出版社, 東京, 1984-1991.
中井久夫: 分裂病とその近似システムの試み. 兵庫精神医療, 9; 4, 1988.
中井久夫: 分裂病における症状変遷と症状転換. 季刊精神療法, 15(1); 25, 1989.
中井久夫: 最終講義: 分裂病私見. みすず書房, 東京, 1998.
中井久夫: 西欧精神医学背景史. みすず書房, 東京, 1999.
中井久夫, 上田宣子: 分裂病発病前後の「不連続的移行現象」: 特に一回的短期間現象とその関連における超覚醒現象について. 分裂病の精神病理14(内沼幸雄編), 東京大学出版会, 東京, 1985.
中井久夫, 山口直彦: 看護のための精神医学: 第2版. 医学書院, 東京, 2004.
中村研之: 症状寛解後に絵を描き続ける分裂病の1例: 再発防止行為としての描画活動. 日本芸術療法学会誌, 21(1); 109-116, 1990.
中村研之: 躁うつ混合状態の表現精神病理. 日本芸術療法学会誌, 26(1); 5-14, 1995.
中野明徳: 人格障害の表現: 風景構成法が映し出すイメージの世界. 人格障害(福島章, 町沢静夫, 大野裕編), 金剛出版, 東京, 1995.
中谷陽二: 司法精神医学と脳科学: 善悪の彼岸. 臨床精神医学, 39(8); 1045-1050, 2010.
中安信夫: 経験性幻覚症ないし幻覚性記憶想起亢進症の2例. 精神神経学雑誌, 86; 23, 1984.
中安信夫: 背景思考の聴覚化: 幻声とその周辺症状をめぐって. 分裂病の精神病理14(内沼幸雄編), 東京大学出版会, 東京, 1985.
中安信夫: 背景知覚の偽統合化: 妄想知覚の形成をめぐって. 分裂病の精神病理15(高橋俊彦編), 東京大学出版会, 東京, 1986.
中安信夫: 分裂病性シューブの最初期兆候: 見逃されやすい微細な体験症状について. 精神科治療学, 1(4); 545, 1986.
中里均: 急性分裂病状態の寛解過程における風景構成法の縦断的考察. 芸術療法, 13; 7, 1982.
中里均: 交互色彩分割法: その手技から精神医療における位置づけまで. 芸術療法, 9; 17-24, 1987.
Naumburg M: Schizophrenic Art: Its Meaning in Psychotherapy. Grune and Stratton, 1950.
Naumburg M: Psychoneurotic Art: Its Function in Psychotherapy. Grune and Stratton, 1953.
Naumburg M: Dynamically Oriented Art Therapy: Its Principles and Practice. Grune and Stratton, 1966. (中井久夫監訳, 内藤あかね訳: 力動指向的芸術療法. 金剛出版, 東京, 1995.)
Navratil L: Schizophrenie und Kunst. DTM, München, 1966.
織田尚生: 分裂病者に対する描画を媒介とした精神療法的接近: いわゆる「太陽表現期」の意義につ

いて. 芸術療法, 7; 17-24, 1976.
小田知子, 二宮秀子, 徳田良仁: 絵画療法とロールシャッハ・テストの関連性. 芸術療法, 2; 2-12, 1971.
荻野弘之: フロネーシスと実践的知識の構図. 臨床精神病理, 33(3); 267-270, 2012.
岡田珠江: 治療技法としての「落書き」の有用性: 離人症の一例から. 日本芸術療法学会誌, 30(2); 38-45, 2000.
大場公孝, 村上信行, 今勝志ほか: ネパールにおける風景構成法: 風景構成法の比較研究（予報）. 芸術療法, 16; 15, 1985.
大森健一: うつ病者と雰囲気. 躁うつ病の精神病理3（飯田眞編）, pp.133-160, 弘文堂, 東京, 1979.
大森健一: メランコリーと表現. 現代のエスプリ 276; 78-86, 1990.
Pratt RR, Tokuda Y eds; Arts Medicine. MMB Music, St Louis, 1997.
Prinzhorn H: Bildnerei der Geisteskranken: Ein Beitrag zur Psychologie und Psychopathologie der Gestaltung. Verlag von J Springer, Berlin, 1922, Neudruck der 2 Aufl, Huber, Bern, 1968.（林晶, Fangohr TD訳: 精神病者はなにを創造したのか: アウトサイダー・アート／アール・ブリュットの原点. ミネルヴァ書房, 京都, 2014.）
Rorschach H: Psychodiagnostik. Verlag Hans Huber, 1921.（東京ロールシャッハ研究会訳: 精神診断学. 牧書店, 東京, 1964.）
Roux G: Roses, Psychosis and Creativity. Developmental Aspects of Creativity（Jakab I ed）, pp.121-128, American Society of Psychopathology of Expression, Brookline, MA, 2001.
Roux G, Laharie M: Art et folie au Moyen Âge: aventures et énigmes d'Opicinus de Canistris (1296-vers1351). Le léopard d'Or, Paris, 1997.
Roux G, Laharie M eds: L'Humour Histoire Culture et Psychologie. Publication de la Société Internationale de Psychopathologie de l'Expression et d'Art-Thérapie, Pau, 1998.
阪上正巳: 精神の病いと音楽: スキゾフレニア・生命・自然. 廣済堂出版, 東京, 2003.
de Saussure F: Cours de linguistique générale. Payot, Suisse, 1916.（小林英夫訳: 言語学原論. 岩波書店, 東京, 1941.）
Schwing G: Ein Weg zur Seele des Geisteskranken. Rascher Verlag, Zürich, 1940.（小川信男, 船渡川佐和子訳: 精神病者の魂への道. みすず書房, 東京, 1966.）
Sehringer W: Zeichnen und Malen als Instrumente der psychologischen Diagnostik. 2 Aufl, Schindele, Heidelberg, 1999.
Sehringer W, Vass Z Hrsg: Dynamik psychischer Prozesse in Diagnose und Therapie beim Zeichnen und Malen, Wirken und Gestalten, Erzählen und Erfinden: Festschrift für István Hárdi. Flaccus Kiadó, Budapest, 2004.
柴山雅俊: 解離の構造: 私の変容と〈むすび〉の治療論. 岩崎学術出版社, 東京, 2010.
下坂幸三: 食の病理と治療. 金剛出版, 東京, 1983.
下坂幸三: 過食の病理と治療. 金剛出版, 東京, 1991.
新宮一成: 無意識の病理学: クラインとラカン. 金剛出版, 東京, 1989.
庄田秀志: 応用人間学としてのパトス: 臨床から精神病理学へ. 星和書店, 東京, 2013.
Sullivan HS: Conceptions of Modern Psychiatry（The First William Alanson White Memorial Lectures）, W W Norton & Company, NewYork, 1953.（中井久夫, 山口隆訳: 現代精神医学の概念. みすず書房, 東京, 1976.）
Sullivan HS: Clinical Studies in Psychiatry, WW Norton & Company, New York, 1956.（中井久夫, 山口直彦, 松川周悟訳: 精神医学の臨床研究. みすず書房, 東京, 1983.）
州脇寛: 躁うつ病者にみられた表現病理の推移について. 芸術療法, 7; 25-29, 1976.
鈴木國文: 時代が病むということ: 無意識の構造と美術. 日本評論社, 東京, 2006.
田蔦誠一編: 壺イメージ療法: その生いたちと事例研究. 創元社, 大阪, 1987.

高江洲義英：慢性分裂病者の人物画と「間合い」．芸術療法，6; 15, 1975.
高江洲義英：絵画療法の実際：実践をとおしての覚え書き．芸術療法講座1，pp.99-117，星和書店，東京，1979.
高江洲義英，高江洲田鶴子，吉田正子，国分京子，橋本ヒロ子：精神分裂病者の風景画と「間合い」．芸術療法，7; 7, 1976.
高江洲義英，大森健一：風景と分裂病心性：風景構成法の空間論的検討．中井久夫著作集別巻H・NAKAI 風景構成法（山中康裕編），岩崎学術出版社，東京，1984.
滝川一廣：日常臨床の中の「風景構成法」．中井久夫著作集別巻H・NAKAI 風景構成法（山中康裕編），岩崎学術出版社，東京，1984.
高橋雅春：描画テスト入門：HTPテスト．文教書院，東京，1974.
高橋俊彦：統合失調症とその周辺：離人症・対人恐怖症の重症例を中心に．岩崎学術出版社，東京，2011.
高石恭子：風景構成法から見た前青年期の心理的特徴について．京都大学心理教育相談室紀要，15; 242-248, 1988.
篁清羽（伊集院清一）：詩集そこにいるのは誰．星和書店，東京，1986.
田村宏：漱石の俳句と漢詩：詞歌表法的見地から．東京女子医科大学雑誌，62 (8); 692-693, 1992.
Tellenbach H: Melancholie. Springer Verlag, Berlin, 1961. Neudruck der 4 Aufl, 1983.（木村敏訳：メランコリー（増補改訂版）．みすず書房，東京，1990.）
寺沢英理子：絵画療法の実践：事例を通してみる橋渡し機能．遠見書房，東京，2010.
寺沢英理子，伊集院清一，津田均，世古博昭，秋山剛：誘発線法とロールシャッハ・テストとの比較検討の試み．日本芸術療法学会誌，23 (1); 5-16, 1992.
寺沢英理子，伊集院清一：いわゆる「知覚」の観点からみたロールシャッハテスト，ワルテッグテスト，誘発線法の比較検討の試み．日本芸術療法学会誌，25 (1); 75-83, 1994.
寺沢英理子，伊集院清一：ワルテッグテストと誘発線法：芸術療法における新しい試み．日本芸術療法学会誌，26 (1); 75-87, 1995.
寺沢英理子，伊集院清一：ワルテッグテストと「並列型誘発線法」を用いた再構成法による治療の試み．日本芸術療法学会誌，27 (1); 54-62, 1996.
寺沢英理子，伊集院清一：「ワルテッグテクニーク」および並列型誘発線法を用いた再構成法の枠に関する考察．日本芸術療法学会誌，28 (1); 17-28, 1997.
寺沢英理子，伊集院清一：摂食障害例に対する絵画療法としての「再構成法」の試み．心理臨床学研究，17 (1); 67-79, 1999.
寺沢英理子，伊集院清一：「再構成法」における重ね貼りの意味：並列型誘発線法とワルテッグ誘発線法を用いて．心理臨床学研究，19 (2); 149-159, 2001.
徳田良仁：躁うつ世界の表現病理．躁うつ病の精神病理3（飯田眞編），pp.209-256，弘文堂，東京，1979.
徳田良仁：芸術療法における各種療法の治療的トポス（Topos）とその背景の力動について．日本芸術療法学会誌，25 (1); 103-112, 1994.
Tokuda Y: An Overview of Art Therapy in Japan. International Journal of Art Therapy, 5; 13-15, France, 1999.
Tokuda Y: Art Therapy at the Present. Developmental Aspects of Creativity (Jakab I ed), pp.101-106, The American Society of Psychopathology of Expression, Brookline, MA, 2001.
徳田良仁編：色彩とこころ．現代のエスプリ229，至文堂，東京，1986.
徳田良仁編：芸術と表現病理．現代のエスプリ276，至文堂，東京，1990.
徳田良仁，二宮秀子，大村るみ子：イメージと絵画療法．芸術療法，3; 13-23, 1972.
徳田良仁・山中康裕編：芸術療法講座2．星和書店，東京，1980.

辻悟, 坂本昭三, 清水将之ほか: 離人症の研究 (第2報): ロールシャッハ・テスト所見の解釈を中心として. 精神分析研究, 4(10); 10-16, 1963.
内海健: 精神病における主体と時間:「緊張病性エレメント」について. 臨床精神病理, 9; 91-106, 1988.
内海健: 分裂病の発病過程における背理とその展開. 分裂病の精神病理と治療4(飯田眞編), pp.77-106, 星和書店, 東京, 1992.
内海健:「分裂病」の消滅: 精神病理学を超えて. 青土社, 東京, 2003.
内海健, 伊集院清一: 拡大風景構成法の早期適用の試み: 空の描画に現れた緊張病者の回復過程. 日本芸術療法学会誌, 25(1); 40-50, 1994.
Utsumi T, Ijuin S: Spatial Illustration of the Symbolic Dysfunction in Schizophrenia. Japanese Bulletin of Arts Therapy, 26(1); 15-18, 1995.
Vass Z: Artificial Intelligence in Psychodiagnosis. Developmental Aspects of Creativity (Jakab I ed), pp.159-176, Brookline, MA, 2001.
Volmat R: L'Art Psychopathologique. Presses Universitaire de France, Paris, 1956.
Von Knorr W, Rennert H: Der Wartegg-Zeichen-Test bei Schizophrenen. Fortschr. Neurol. Psychiatr. Grenzgeb., 34(5); 276-296, 1966.
矢吹すみ江, 伊集院清一, 五味渕隆志, 松浪克文: 意に反した性交を契機に離人症状を呈した青年の描画を併用した治療経過: 色と形の表現病理. 日本芸術療法学会誌, 26(1); 24-33, 1995.
Walters PA: Student Apathy. Emotional Problems in the Student (Blaine GB, McArthur CC eds), Appleton-Century-Crofts, New York, 1961.
Wiart C: Expression picturale et psychopathologie. Doin, Paris, 1967.
Winicott DW: Playing and Reality. Tavistock Publications, London, 1971.(橋本雅雄訳: 遊ぶことと現実. 岩崎学術出版社, 東京, 1979.)
Winicott DW: Therapeutic Consultations in Child Psychiatry. The Hogarth Press, London, 1971. (橋本雅雄, 大矢泰士訳: (新版) 子どもの治療相談面接. 岩崎学術出版社, 東京, 2011.)
山田和夫: スチューデント・アパシーの基本症状についての研究. 第7回大学精神衛生研究会報告書, pp.53-60, 1985.
山田和夫: スチューデント・アパシーの基本病理. 現代人の心理と病理. サイエンス社, 東京, 1987.
山田和夫: 境界例の周辺: サブクリニカルな問題性格群. 季刊精神療法, 1989.
山田和夫: 家族関係の中でのスチューデント・アパシー. スチューデント・アパシー, pp.139-177, 同朋舎, 京都, 1990.
山田和夫: アパシー学生の治療. 増補・青年期の精神療法, pp.186-203, 金剛出版, 東京, 1991.
山田和夫: スチューデント・アパシーの年齢的変遷と予後の研究. 第13回大学精神衛生研究会報告書, pp.49-53, 1992.
山口直彦: 分裂病者の訴える知覚変容を主とする"発作"症状について. 精神科治療学, 1(1); 117-125, 1986.
山口直彦, 中井久夫: 分裂病者における「知覚潰乱発作」について: 一般に「発作」「頭痛」などさまざまな俗称で呼ばれて軽視されがちなものを中心として. 分裂病の精神病理14(内沼幸雄編), 東京大学出版会, 東京, 1985.
山口直彦, 中井久夫: 分裂病における知覚変容発作と恐怖発作. 分裂病の精神病理と治療1(吉松和哉編), 星和書店, 東京, 1988.
山口直彦, 岩井圭司, 小柴由利, 伊集院清一, 三田達雄: 離人症状と器質的背景. 精神科治療学, 4(12); 1509-1519, 1989.
山中康裕: 箱庭療法. 臨床精神医学, 17(6); 989-995, 1988.
山中泰裕: 心理臨床と表現療法. 金剛出版, 東京, 1999.
山中康裕編: 中井久夫著作集別巻H・NAKAI風景構成法. 岩崎学術出版社, 東京, 1984.

山中康裕編著：風景構成法その後の発展．岩崎学術出版社，東京，1996．
矢崎妙子：躁うつ病の精神療法．躁うつ病の精神病理1（笠原嘉編），pp.221-239，弘文堂，東京，1976．
安永浩：離人症．異常心理学講座4（土居健郎，笠原嘉，宮本忠雄，木村敏編），神経症と精神病1，みすず書房，東京，1987．
安永浩：精神の幾何学．岩波書店，東京，1999．
安永浩，徳田良仁，粟原雅直：精神分裂病患者の絵画についての一考察．精神神経学雑誌，60(12)；137-149，1958．
吉松和哉，松下正明編：精神医学：その基盤と進歩．朝倉書店，東京，2002．
吉野啓子：後姿の表現病理．こころの科学，4；56-62，1985．
吉野啓子：自画像．臨床精神医学，23；1163-1170，1994．

[著者略歴]

伊集院 清一
（いじゅういん・せいいち）

1958年2月	神戸市生まれ
1976年4月	東京大学理科Ⅲ類入学
1982年3月	東京大学医学部医学科卒業
同年　6月	東京大学医学部附属病院内科
1984年7月	神戸大学医学部精神神経科学教室
1989年10月	東京大学医学部附属病院分院神経科
1990年1月	医学博士
1993年1月	東京大学医学部助手・附属病院分院神経科医局長
1994年5月	埼玉大学保健センター助教授
2000年9月	2000年度エルンスト・クリス賞（アメリカ表現精神病理学会賞本賞）受賞（ハーバード大学）
2003年4月	多摩美術大学大学院美術研究科美術学部教授（現職）
2003年11月	日本芸術療法学会賞本賞受賞

精神保健指定医，精神科専門医，臨床心理士，日本芸術療法学会認定芸術療法士，日本芸術療法学会理事（1994年～評議員，1996年～現在），日本病跡学会理事

1996年4月～2008年3月
　　東京大学非常勤講師（医学部・教育学部・保健センター）
1999年4月～2000年3月
　　お茶の水女子大学非常勤講師
　　など

著書　————　「芸術療法実践講座2 絵画療法Ⅱ」（共編著，岩崎学術出版社），「治療のテルモピュライ」（共著，星和書店），「精神医学の名著50」（分担執筆，平凡社），「精神医学：その基盤と進歩」（分担執筆，朝倉書店），「芸術療法 1理論編，2実践編」「風景構成法その後の発展」（ともに分担執筆，岩崎学術出版社），「精神医学レビュー5 妄想」（分担執筆，ライフサイエンス社），„Dynamik psychischer Prozesse in Diagnose und Therapie" (Flaccus Kiadó) "Art-Therapies-Communication" (Lit Verlag) "Arts Medicine" (MMB Music) "Psychopathology of Expression and Art Therapy in the World" (Animula) << L'Humour: Historie, Culture et Psychologie >> (SIPE) "The Influence of Recent Socio-Political Events on Fine Arts and on Patient's Art" "Developmental Aspects of Creatirity"（ともにASPE）（独英仏文はいずれも分担執筆）など

訳書　————　（バーンズ，R.C.）「動的H-T-P描画診断法」（共訳，星和書店）

その他　————　「詩集そこにいるのは誰」（篁清羽として，星和書店），「海・海を求めて」（作詞担当，教育芸術社，JASRAC作品コード030-6794-7，THE CHORUS '95混声／女声編，合唱曲集NEW! 心のハーモニー コーラス・パーティー5，音多多重パート練習用CD Chorus ONTA Vol.5ほか）

風景構成法 「枠組」のなかの心象

2013年11月25日 発行
2020年3月25日 四刷

著 者　伊集院 清一
発行者　立石 正信

装丁　　　臼井 新太郎
カバー版画　渡辺 達正
印刷　新津印刷
製本　誠製本

発行所　株式会社 金剛出版
〒112-0005
東京都文京区水道1-5-16
電話 03-3815-6661
振替 00120-6-34848

ISBN978-4-7724-1339-8 C3011　　Printed in Japan©2013

力動指向的芸術療法

［著］＝マーガレット・ナウムブルグ
［監訳］＝中井久夫　［訳］＝内藤あかね

●A5判　●上製　●250頁　●本体 6,700円＋税

今日的芸術療法の原点ともいうべき古典的名著。
3例の詳細な事例報告が
芸術療法の神髄を生き生きと描き出す。

バウムテストの読み方
象徴から記号へ

［著］＝阿部惠一郎

●B5判　●並製　●200頁　●本体 3,200円＋税

長年，バウムテストを使用してきた著者による手引書。
テストの実施方法から読み方まで丁寧に解説する。
巻末には，いままでのバウムテストのサイン対照表を掲載。

自己愛性人格／解離性障害／躁うつ病の拡散
精神医学における症例記述の復権のために

［著］＝鈴木茂　［編］＝生田孝

●A5判　●並製　●320頁　●本体 5,800円＋税

境界性パーソナリティ障害と統合失調症，
自己愛性パーソナリティ障害，躁うつ病，解離性障害の
臨床精神病理学についての卓越した論文で知られる，
鈴木茂のアンソロジー。